本书承蒙广西沿边沿海经济开放发展协同创新中心的经费资助出版。同时得到了广西沿边沿海经济开放发展协同创新中心和广西民族大学"一带一路"研究院的大力支持,得到了广西高等学校科研项目(课题批准号:ZD2014047)、国家社科基金项目(课题批准号:14XJL010)、广西社科基金项目(课题批准号:13BJY016)和广西民族大学管理科学与工程创新团队经费的资助。

经济管理学术文库·经济类

"一带一路"战略与中越沿边开发开放经济带建设研究

A Study on the Construction of "the Belt and Road Initiative" Strategy and Sino Vietnamese Border Development and Opening up Economic Zone

廖东声 熊 娜／著

经济管理出版社
ECONOMY & MANAGEMENT PUBLISHING HOUSE

图书在版编目（CIP）数据

"一带一路"战略与中越沿边开发开放经济带建设研究/廖东声，熊娜著. —北京：经济管理出版社，2015.12
ISBN 978-7-5096-4156-9

Ⅰ. ①一… Ⅱ. ①廖… ②熊… Ⅲ. ①区域经济合作—国际合作—经济发展战略—研究—西南地区 ②沿边开放—经济带—经济建设—研究—西南地区　Ⅳ. ①F127.7

中国版本图书馆 CIP 数据核字（2015）第 299576 号

组稿编辑：曹　靖
责任编辑：曹　靖
责任印制：黄章平
责任校对：赵天宇

出版发行：经济管理出版社
（北京市海淀区北蜂窝 8 号中雅大厦 A 座 11 层　100038）
网　　址：www.E-mp.com.cn
电　　话：(010) 51915602
印　　刷：北京九州迅驰传媒文化有限公司
经　　销：新华书店
开　　本：720mm×1000mm/16
印　　张：10.75
字　　数：199 千字
版　　次：2015 年 12 月第 1 版　2015 年 12 月第 1 次印刷
书　　号：ISBN 978-7-5096-4156-9
定　　价：58.00 元

·版权所有　翻印必究·
凡购本社图书，如有印装错误，由本社读者服务部负责调换。
联系地址：北京阜外月坛北小街 2 号
电话：(010) 68022974　邮编：100836

目　录

第1章　导论 ... 1

1.1　研究背景与研究意义 ... 1
1.1.1　研究背景 ... 1
1.1.2　研究意义 ... 2

1.2　文献综述 ... 3
1.2.1　"一带一路"战略相关研究 ... 4
1.2.2　区域经济带相关研究 ... 5
1.2.3　文献述评 ... 6

1.3　研究的主要内容 ... 6
1.4　研究技术路线 ... 7
1.5　研究方法与研究数据 ... 8
1.5.1　研究方法 ... 8
1.5.2　研究数据 ... 8
1.6　研究创新 ... 8

第2章　"一带一路"战略与中越沿边开发开放经济带理论分析 ... 9

2.1　开发开放经济带概念界定 ... 9
2.1.1　经济带概念 ... 9
2.1.2　开发开放经济带概念 ... 12

2.2　"一带一路"战略与沿边外向型经济带 ... 13
2.2.1　"一带一路"战略的经济发展目标 ... 13
2.2.2　"一带一路"战略的经济区域规划 ... 15
2.2.3　"一带一路"战略的经济结构建设 ... 17
2.2.4　"一带一路"战略的经济政策创新 ... 18

2.3 "一带一路"战略推动沿边外向型经济带建设 …………………… 19
　　2.3.1 沿边外向型经济带建设："一带一路"战略机遇 ………… 19
　　2.3.2 沿边外向型经济带建设："一带一路"战略目标 ………… 20
　　2.3.3 沿边外向型经济带建设："一带一路"战略思路 ………… 20
　　2.3.4 沿边外向型经济带建设："一带一路"战略动力 ………… 21
2.4 建设中越沿边开发开放经济带的重要战略作用 ………………… 22
　　2.4.1 实现"一带"与"一路"有效对接 …………………………… 22
　　2.4.2 充分利用国内外两个市场和两块资源 ……………………… 23
　　2.4.3 治理沿边地区贫困,实现跨越式发展 ……………………… 25

第3章　中越沿边开发开放经济带建设概述 ……………………… 27

3.1 中越沿边开发开放经济带建设历程 ……………………………… 27
　　3.1.1 1949～1979年:计划经济时期 ……………………………… 27
　　3.1.2 1979～1994年:改革开放探索期 …………………………… 28
　　3.1.3 1994～2000年:深化改革期 ………………………………… 31
　　3.1.4 2000年至今:沿边开放期 …………………………………… 32
3.2 中越沿边开发开放经济带建设现状 ……………………………… 36
　　3.2.1 沿边基础设施互联互通推进现状 …………………………… 36
　　3.2.2 沿边产业经济扶持发展现状 ………………………………… 39
　　3.2.3 沿边经济发展和管理模式 …………………………………… 41
　　3.2.4 沿边经济发展载体和平台建设现状 ………………………… 43
　　3.2.5 沿边经济发展政策建设完善现状 …………………………… 46
3.3 中越沿边开发开放经济带建设存在的主要问题 ………………… 47
　　3.3.1 重复投资 ……………………………………………………… 47
　　3.3.2 沿边口岸和基础设施建设滞后 ……………………………… 48
　　3.3.3 产业经济规模不大,竞争能力不强 ………………………… 49
　　3.3.4 平台和载体利用率不高 ……………………………………… 51
　　3.3.5 政策落地慢 …………………………………………………… 52

第4章　中越沿边开发开放经济带建设环境分析 ………………… 53

4.1 中越沿边开发开放经济带建设资源环境分析 …………………… 53
　　4.1.1 矿产资源开发环境 …………………………………………… 53
　　4.1.2 旅游资源开发环境 …………………………………………… 54
　　4.1.3 生态资源开发环境 …………………………………………… 58

4.2 中越沿边开发开放经济带建设经济环境分析 59
  4.2.1 产业发展环境 59
  4.2.2 金融投资环境 63
  4.2.3 合作协调环境 65
  4.2.4 市场监管环境 68
  4.2.5 科学技术应用 69
  4.2.6 土地开发利用 69

4.3 中越沿边开发开放经济带建设人才科技环境分析 72
  4.3.1 人才培养环境 72
  4.3.2 科研开发环境 73
  4.3.3 技术需求环境 75
  4.3.4 技术交易环境 76

4.4 中越沿边开发开放经济带建设社会环境分析 77
  4.4.1 文化环境 77
  4.4.2 就业环境 80

第5章 中越沿边开发开放经济带建设障碍因素识别与实证分析 82

5.1 中越沿边开发开放经济带建设障碍因素识别 82
  5.1.1 基础设施因素 82
  5.1.2 政策制度因素 84
  5.1.3 教育人才因素 86
  5.1.4 科学技术因素 88
  5.1.5 社会文化因素 90

5.2 中越沿边开发开放经济带建设障碍因素实证分析 92
  5.2.1 模型选择 92
  5.2.2 数据处理 94
  5.2.3 变量设置 95
  5.2.4 回归结果及其分析 97

第6章 中越沿边开发开放经济带建设基本思路 100

6.1 中越沿边开发开放经济带建设的目的 100
  6.1.1 基础设施互联互通 101
  6.1.2 扫除双边贸易障碍 101
  6.1.3 加快金融市场融通 102

6.1.4 民族文化交流、相容 …………………………………………… 102
6.2 中越沿边开发开放经济带建设的总体原则 ……………………………… 103
6.2.1 坚持开放合作 …………………………………………………… 103
6.2.2 坚持和谐包容 …………………………………………………… 103
6.2.3 坚持市场运作 …………………………………………………… 103
6.2.4 坚持互利共赢 …………………………………………………… 103
6.3 中越沿边开发开放经济带建设的主要路径 ……………………………… 103
6.3.1 实施面向东盟开放战略 ………………………………………… 103
6.3.2 着力构建多边互动发展新格局 ………………………………… 104
6.3.3 加速建设面向东盟的国际通道 ………………………………… 106
6.3.4 推动沿边开放带上升为国家战略 ……………………………… 106
6.3.5 加快调整产业结构 ……………………………………………… 107
6.3.6 加强民间交流与合作 …………………………………………… 107
6.4 中越沿边开发开放经济带建设的主要内容 ……………………………… 108
6.4.1 增创沿边开放政策新优势 ……………………………………… 108
6.4.2 建设跨境经济合作区 …………………………………………… 108
6.4.3 加快建设中越跨境经济合作区周边基础设施 ………………… 108
6.4.4 扩大口岸开放的范围 …………………………………………… 109
6.4.5 加强边民互市贸易点基础设施建设 …………………………… 110
6.4.6 推进人、车、物通关便利化 …………………………………… 111
6.4.7 探索沿边开发开放新模式 ……………………………………… 111
6.4.8 推进中越国际旅游合作区建设 ………………………………… 112
6.4.9 协调中越跨境经济合作区建设的各方关系 …………………… 112
6.4.10 提升地方政府服务能力，着力优化服务软环境 …………… 113

第7章 中越沿边开发开放经济带建设战略 …………………………………… 116

7.1 中越沿边开发开放经济带产业建设战略 ………………………………… 117
7.1.1 特色主导产业战略 ……………………………………………… 117
7.1.2 可持续发展战略 ………………………………………………… 119
7.1.3 与越南建立产业合作联席会议制度 …………………………… 119
7.2 中越沿边开发开放经济带贸易发展战略 ………………………………… 119
7.2.1 优化出口商品与出口市场结构 ………………………………… 119
7.2.2 建设完善沿边园区 ……………………………………………… 120
7.2.3 提高口岸通关便利化水平 ……………………………………… 121

7.2.4 降低关税 ………………………………………………………… 121
7.3 中越沿边开发开放经济带基础设施建设战略 …………………… 122
7.3.1 交通基础设施建设 …………………………………………… 122
7.3.2 口岸设施建设 ………………………………………………… 123
7.4 中越沿边开发开放经济带科技研发战略 ………………………… 125
7.4.1 成立专项资金扶持 …………………………………………… 125
7.4.2 鼓励建立民办科研机构 ……………………………………… 125
7.4.3 力促产学研的良好结合 ……………………………………… 125
7.5 中越沿边开发开放经济带区域合作战略 ………………………… 126
7.5.1 加强国际区域合作 …………………………………………… 126
7.5.2 加快推进凭祥等开发开放试验区的建设 …………………… 127
7.5.3 积极参与构建中越跨境合作区合作机制 …………………… 127
7.6 中越沿边开发开放经济带人文交流战略 ………………………… 128
7.6.1 中越沿边国际旅游合作区 …………………………………… 128
7.6.2 构建面向越南的文化体育交流平台 ………………………… 128
7.6.3 加强科教卫生交流与合作 …………………………………… 129
7.6.4 加强跨境减贫开发合作 ……………………………………… 130

第8章 中越沿边开发开放经济带建设机制 ……………………………… 131
8.1 中越沿边开发开放经济带建设依托组织 ………………………… 131
8.1.1 跨境经济合作区 ……………………………………………… 131
8.1.2 综合保税区 …………………………………………………… 134
8.1.3 边贸互试点 …………………………………………………… 135
8.2 中越沿边开发开放经济带运行机制 ……………………………… 136
8.2.1 政府合作机制 ………………………………………………… 136
8.2.2 对话协商机制 ………………………………………………… 137
8.2.3 利益共享机制 ………………………………………………… 137
8.2.4 管理创新机制 ………………………………………………… 138

第9章 中越沿边开发开放经济带建设风险管控 ………………………… 140
9.1 中越沿边开发开放经济带建设政治风险管控 …………………… 141
9.1.1 风险的基本特点 ……………………………………………… 141
9.1.2 中越沿边开发开放经济带建设的政治风险 ………………… 141
9.1.3 中越沿边开发开放经济带外部政治风险管控 ……………… 145

9.2 中越沿边开发开放经济带建设市场风险管控 …………… 146
　　9.2.1 中越沿边开发开放经济带市场风险的含义 ………… 146
　　9.2.2 中越沿边开发开放经济带的市场风险 ……………… 146
　　9.2.3 中越沿边开发开放经济带市场风险管控 …………… 147
9.3 中越沿边开发开放经济带建设金融风险管控 …………… 149
　　9.3.1 中越沿边开发开放经济带金融开放的内涵 ………… 149
　　9.3.2 中越沿边开发开放经济带金融开放的风险 ………… 150
　　9.3.3 金融风险管控 ………………………………………… 152
9.4 中越沿边开发开放经济带自然、生态风险管控 ………… 153
　　9.4.1 中越沿边开发开放经济带建设的自然风险 ………… 154
　　9.4.2 中越沿边开发开放经济带建设的生态风险 ………… 154
　　9.4.3 中越沿边开发开放经济带自然、生态风险管控 …… 156

参考文献 ………………………………………………………… 158

第1章 导论

1.1 研究背景与研究意义

1.1.1 研究背景

从1979年开始，我国先后建立了包括深圳在内的5个经济特区，开放和开发了14个沿海港口城市和上海浦东新区，相继开放了13个沿边、6个沿江和18个内陆省会城市，建立了众多的特殊政策园区。但显然，前期的对外开放重点在东南沿海，广东、福建、江苏、浙江、上海等省市成为了"领头羊"和最先的受益者，而广大的中西部地区始终扮演着"追随者"的角色，这在一定程度上造成了东、中、西部的区域失衡。习近平总书记在2013年9月和10月先后提出了建设"新丝绸之路经济带"和"21世纪海上丝绸之路"的战略构想，即"一带一路"战略。"一带一路"中的"一带"是要在西部打开通道，促进周边经济体共同发展，促进中国东部和西部平衡发展。"一路"是要建立海洋新秩序。

丝绸之路经济带重点畅通中国经中亚、俄罗斯至欧洲（波罗的海）；中国经中亚、西亚至波斯湾、地中海；中国经东南亚、南亚至印度洋。21世纪海上丝绸之路重点方向是从中国沿海港口过南海到印度洋，延伸至欧洲；从中国沿海港口过南海到南太平洋。

"一带一路"战略具体包括以下几条线路：

（1）新亚欧大陆桥经济带（西北方向）：通过新的亚欧大陆桥向西通过新疆连接哈萨克斯坦及中亚、西亚、中东欧等国家，发挥新疆独特的区位优势和向西开放重要窗口作用，打造丝绸之路经济带核心区。中线：北京—西安—乌鲁木齐—阿富汗—哈萨克斯坦—匈牙利—法国。

（2）中蒙俄经济带（东北方向）：连接东三省，向东可以抵达绥芬河、海参崴出海口，向西到俄罗斯赤塔通过老亚欧大陆桥抵达欧洲。现已开通"津满欧"、"苏满欧"、"粤满欧"、"沈满欧"等"中俄欧"铁路国际货物班列，并基本实现常态化运营。线路为珲春—延吉—吉林—长春—蒙古国—俄罗斯—欧洲。

（3）中国—南亚—西亚经济带（西南方向）：通过云南、广西连接印度、缅甸、泰国、老挝、柬埔寨、马来西亚、越南、新加坡等国家；通过亚欧大陆桥的南线分支连接巴基斯坦、阿富汗、伊朗、土耳其等国家。

（4）海上丝绸之路经济带（南路）：以福建为核心区，通过环渤海、长三角、海峡西岸、珠三角等地区的港口、滨海地带和岛屿共同连接太平洋、印度洋等沿岸国家或地区。南线：泉州—福州—广州—海口—北海—河内—吉隆坡—雅加达—科伦坡—加尔各答—内罗毕—雅典—威尼斯。

（5）长江经济带：包括长江干流 2838 公里，长江流域 7.1 万公里的河流，它覆盖我国 11 个沿江省市（上海、江苏、浙江、安徽、江西、湖北、湖南、四川、重庆、贵州、云南），贯穿东中西部。

（6）中心线：连云港—郑州—西安—兰州—乌鲁木齐—中亚—欧洲。

广西与东盟国家越南紧邻，拥有沿海、沿江、沿边优势，是我国唯一与东盟陆海相连的省区，处在西南经济圈、华南经济圈和东盟经济圈的结合部，连接着中国与东盟两个广阔市场，既是我国西南地区最便捷的出海大通道，也是东盟国家进入中国市场的重要海陆通道。2015 年 3 月，习近平总书记指出，加快北部湾经济区和珠江—西江经济带开放发展，构建面向东盟的国际大通道，打造西南中南地区开放发展新的战略支点，形成"21 世纪海上丝绸之路"与"丝绸之路经济带"有机衔接的重要门户。

1.1.2 研究意义

1.1.2.1 国家战略价值

（1）中越沿边开发开放经济带是国家开放新战略的重要组成部分，广西临海临边临东南亚的特殊地理位置对于实施国家经略周边、睦邻友好，助推"一带一路"建设战略，开辟与东盟国家的"钻石 10 年"，打造中国西南边疆新的增长极具有不可替代的政治、经济意义。

（2）利用沿边通道和东盟相关国家的市场经济地位，向东盟相关国家输送产品和转移企业以及产业，将拓展产业链和产品市场空间，减小国际市场竞争压力，缓解和减少我国与欧美相关国家之间的贸易摩擦，也为我国产业链中高端化赢得了时间。另外，人民币区域化在东南亚毗邻国家已有较好的基础，利用沿边开发开放经济带可以加速这一进程，为中国资本进入东南亚市场，通过广西促进东南亚国家的能源、农产品、海洋产品等进入我国市场创造便利条件。

1.1.2.2 区域合作价值

（1）提升广西在沿边地区开放中的区位价值，对于广西打造北部湾升级版，促进区域合作向国际合作发展，构建面向东盟国家高效便利的贸易通道，打造西南中南地区开放发展的新战略支点，倒逼政府管理体制改革具有重要意义。

（2）广西即将打造北部湾经济区升级版，西江—珠江经济带建设已成为国家战略，同时还拥有沿边金融综合改革试验区、凭祥综合保税区、钦州综合保税港区等国家级项目。其中，西江—珠江经济带建设侧重于带动广西腹地相关区域发展，西接资源大省，东连珠三角，对接国际海运网，而其他经济区则侧重于与东盟国家的贸易合作。中越开发开放经济带将成为西江—珠江经济带与东盟国家之间生产要素、商品的重要和高效流动的便利通道。建设中越沿边开发开放经济带，理顺现有政策相互之间的关系，重构对外开发发展的政策体系，有助于政策之间发挥协同效应。

1.1.2.3 独特性示范性价值

广西沿边地区是少数民族地区，长期以来处在战争前线，广西各民族为维护国家安全、巩固边防、支持国家建设作出了巨大牺牲和贡献，直至20世纪90年代中越关系正常化，开放发展的步伐才得以加快，虽然近10年来广西经济迅速发展，但边境地区经济仍比较落后，如龙州、靖西、那坡属于国家级贫困县，边民的生活质量较差。在这样的地区，建设沿边自贸区也有利于富边强边，更充分地发挥西部开发、繁荣民族地区经济、扩大民族地区开放开发政策的叠加效应，在边疆民族地区建立一种"家国同构"的心理归属，尤其通过自贸区建设可以改变这些地区原有的"扶持性"和"弥补性"发展方式，促进沿边少数民族对祖国的向心力，利于民族团结和各民族共同进步。

1.2 文献综述

中国"一带一路"战略的提出，受到国内外社会广泛关注和讨论。从目前的研究文献看，主要以国内为主，并从"一带一路"战略研究逐步开始延伸拓展至与区域经济发展相关问题的探讨。

1.2.1 "一带一路"战略相关研究

"一带一路"战略实施思路研究。阮宗泽（2014）认为，当前中国周边环境正经历新的大变革，西太平洋地区出现以中国和美国为核心的双中心格局，矛盾增多。提出了大国战略实施路径：大国当先，良性互动；"一带一路"，大鹏展翅；完善体制，提升效率；排除干扰，坚持走和平发展道路。蔡武（2014）研究提出了建设"一带一路"的战略构想：以习近平同志为总书记的党中央统筹国内国际两个大局，着眼实现"两个一百年"奋斗目标和中华民族伟大复兴的中国梦，为进一步提高我国对外开放水平。黄安（2014）深入地研究了开放型经济溯源和国家"一带一路"发展战略的提出，系统地论述了"一带一路"建设的重要意义，剖析了福建融入"一带一路"建设的比较优势并厘清了发展思路。蒋志刚（2014）研究出金融支持"一带一路"的总体思路：以"规划先行、金融先导"为基本原则，以规划整合各方资源，以金融"走出去"，统筹带动中国技术、装备、标准等中国因素和企业"走出去"，创新金融体系，服务实体经济，发挥好开发性金融作用。杨柔坚（2014）研究认为连云港市以独特的区位优势成为国家"一带一路"规划的战略枢纽。因此，如何充分发挥连云港物流合作基地项目的辐射作用、推进国家重点行业的发展成为一个重要的战略课题。申现杰和肖金成（2014）从国际区域经济合作的新形势出发，分析了中国实施"一带一路"建设的重要战略意义，并从落实"五通"建设、高标准自由贸易区战略、扩大国际合作的重点领域、优化国内区域开放格局等方面，对"一带一路"战略建设重点进行了相关思考。白永秀、吴航和王泽润（2014）研究提出丝绸之路经济带的战略目标是：实现全球经济一体化的重要战略平台；高度开放型经济合作网络；灵活务实的经济合作安排；和谐世界建设平台；经济高度自由化和便利化的统一制度体系。

"一带一路"战略空间布局研究。卫玲和戴江伟（2014）从界定丝绸之路经济带的空间范围入手，在根本动力、基本框架、存在根基、现实基础、战略目标层面上界定了丝绸之路经济带的内涵，并将区位理论、空间结构理论、空间相互作用理论、贸易理论作为丝绸之路经济带的理论基础和依据，探析这些理论对于丝绸之路经济带建设的借鉴意义。郭爱君和毛锦凰（2014）以中国新提出的丝绸之路经济带空间区位为依托，以产业空间布局理论模式和产业布局原则为依据，以经济带局部与整体协调发展为目标，分析当前经济带沿途区域与国家的优势产业及特点，从经济带、国家和节点三个层面构建丝绸之路经济带的产业空间布局战略，为经济带的迅速崛起与协调可持续发展提供产业支撑，从而打造世界经济增长的新引擎。肖洋（2014）研究认为，中国提出

"丝绸之路经济带"的构想,是具有全球视野的战略倡议,有助于搭建中国与亚欧国家经济合作的新平台。从当代经济新区的开发规律来探讨丝绸之路经济带的跨国合作路径,关注基于边界的次区域经济区的培养,对国家间信任以及国际合作的助力效果。

"一带一路"战略与区域经济发展研究。李子先、孙文娟和何伦志(2014)通对区域经济一体化的动因和表现形式的分析总结,结合上海合作组织区域经济一体化的阶段目标,提出了"点带片、片溢面"的一体化路径选择,以及实现一体化的策略,这将为上海合作组织区域经济一体化持续推进提供有益的启示,为构建丝绸之路经济带奠定基础。厉无畏和许平(2014)研究认为,"兵马未动,粮草先行",如何利用金融合作与创新为丝绸之路经济带的建设提供资金是首先需要解决的问题。建议把建设区域金融中心作为金融合作与创新的载体,并认为西安具备建成区域金融中心的条件;建议利用自由贸易试验区尝试扩大人民币结算、鼓励人民币对外投资、尝试资本项目项下开放管理;建议发展互联网金融为小微企业提供资金以夯实经济基础;建议综合利用保险债权计划、信托计划、企业债券、银行中期票据、资产证券化、私募股权基金等多种金融手段为丝绸之路经济带的建设募集中长期建设资金。阿布都伟力·买合普拉(2014)研究认为,建设"丝绸之路"经济带,是古"丝绸之路"获得新的历史性复兴的机遇,同时也对其沿线各省(区、市)区域物流发展提出更高的要求。新疆必须加快现代物流业发展,打造"丝绸之路"经济带云物流平台,提高物流产业专业化水平,实施国际化物流战略,加快西部各省(区、市)区域物流联动发展,共同探索"丝绸之路"经济带联运模式,增强物流产业对区域经济的促动影响力,提升为整个西部地区和"丝绸之路"经济带建设服务的能力。

1.2.2 区域经济带相关研究

彭劲松(2014)研究认为,长江经济带是我国乃至世界最为重要的流域经济带,长江经济带开发已经上升为国家战略。构建区域互惠互利发展的体制机制,推进长江经济带区域协调发展,可有效将西部大开发、中部崛起和东部可持续发展贯通,形成沿海与中西部相互支撑、良性互动的新格局。马璐、朱杰飞和周伟(2013)根据西江经济带的实际情况,设计了区域竞争力评价指标体系,把综合经济实力、企业竞争能力、产业竞争力、国际竞争力、人力资源竞争力、科技竞争力与区域竞争力有机结合起来,建立起区域竞争力评价模型。邢军伟和荣宏庆(2012)在分析区域互动合作的两大条件和两大风险基础上,构建了区域互动合作机制体系框架。区域互动合作机制的内在构建分别是动力机制、协调与约束机制、利益分享与补偿机制和信息交互机制。以辽宁的沿海经济带与腹地互动为例，提出四点关于建构辽宁沿海经济带与腹地之间区域互动合作机制的思路。秦月等（2013）在分析流域经济与海洋经济联动发展的背景、意义、基础、效应等的基础上，以长江经济带为例，运用灰色关联分析方法，定量刻画了流域经济与海洋经济的关联程度，指出流域经济与海洋经济的关联度、海洋第三产业与流域第三产业关联度以及海洋主要产业与基本流域第二产业关联度等都非常高。最后从规划编制、建立流域—海洋互动产业网、发展海洋科技以及生态环境保护等政策角度提出建议。何艳（2011）借鉴"双岸"经济带经验，指出中国辽宁沿海经济带的建设应注重：加强各城市间经济联系与合作；坚持港口与腹地联动式的产业发展模式；推进产业结构优化与合理布局；强化产业联系与配套，建立网络化的产业集群。

1.2.3 文献述评

从以上文献综述看，"一带一路"的研究理论体系初步形成，并在继续向区域经济研究领域拓展，形成了区域经济发展是"一带一路"战略实施的重要支撑这一重要理论观点，并重点关注了沿海港口建设对"一带一路"战略实施的作用和影响。

本书继承了区域经济发展是"一带一路"战略实施重要支撑的理论观点，但以上"一带一路"战略与区域经济发展方面的理论成果难以为本书研究的沿边开发开放经济带建设直接提供思路。中越边界是广西建设"一带一路"有机衔接重要门户中的窗口，此区域又是"老少边穷"的区域。因此，本书的研究具有重要学术意义和现实指导意义。

1.3 研究的主要内容

研究的主要内容由三部分9章构成。第一部分由导论和理论研究构成，分别展现了研究的背景、思路、技术路线等和理论基础。第二部分由第3、第4、第5章构成，实证研究"一带一路"战略框架下的中越沿边开发开放经济带建设基础、环境和障碍性影响因素。第三部分由第6、第7、第8、第9章构成，规范研究"一带一路"战略框架下的中越沿边开发开放经济带建设思路、战略以及风险。

1.4 研究技术路线

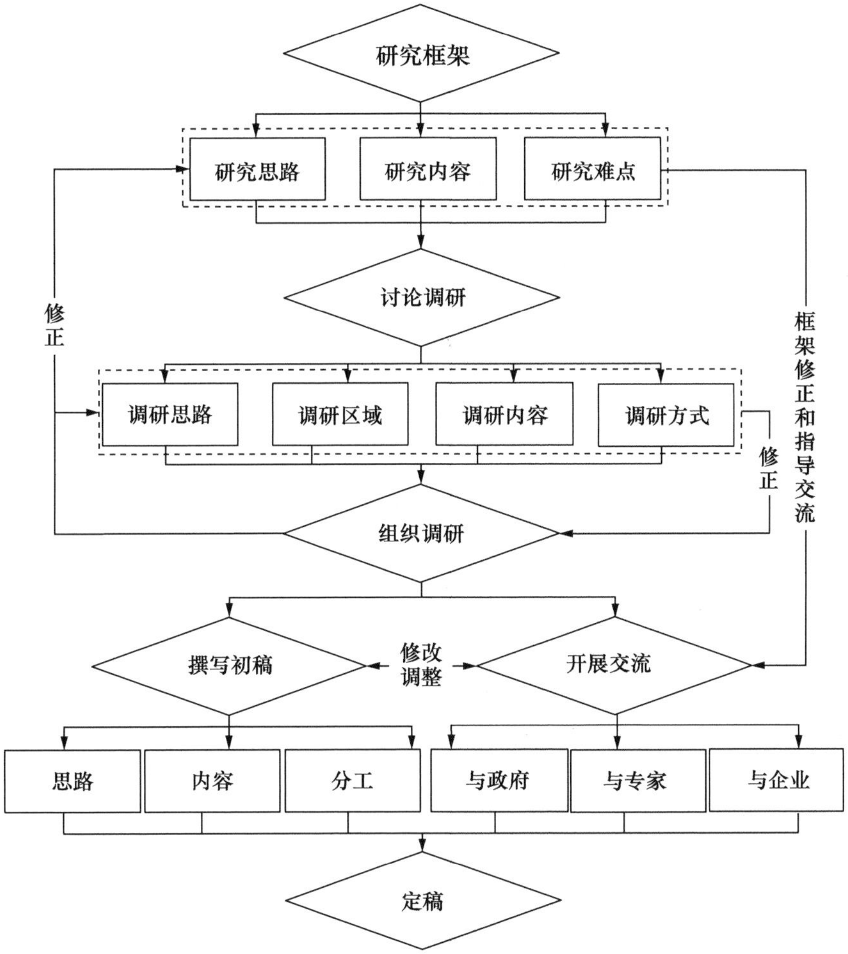

图 1-1 研究技术路线

1.5 研究方法与研究数据

1.5.1 研究方法

(1) 统计分析与归纳总结相结合。对调查数据进行统计分析,归纳总结中越沿边开发开放经济带建设的经济、制度、科技等社会基础,以及社会基础表现的显著性特征。

(2) 规范研究与实证研究相结合。以"一带一路"战略框架为基础,规范构建了中越沿边开发开放经济带建设的理论框架,提出了中越沿边开发开放经济带建设思路和战略以及风险管控;实证研究中越沿边开发开放经济带建设的障碍性影响因素。

1.5.2 研究数据

本书研究数据来源渠道有二:一是广西"十二五"时期的统计年鉴;二是来自于课题组深入崇左、百色等区域获得的一线调查数据资料。

1.6 研究创新

创新之一:提出并解释了中越沿边开发开放经济带概念,廓清了"一带一路"战略与中越沿边开发开放经济带之间的相互关系。

创新之二:通过剖析中越沿边开发开放经济带建设的基础和环境,提出了中越沿边开发开放经济带建设思路和战略目标。

创新之三:将风险因子纳入中越沿边开发开放经济带建设框架中,分析了中越沿边开发开放经济带建设的各类风险及其风险成因,提出了各类风险规避的政策建议。

第2章 "一带一路"战略与中越沿边开发开放经济带理论分析

2.1 开发开放经济带概念界定

2.1.1 经济带概念

2.1.1.1 "经济带"概念的提出

"经济带"是区域经济开发过程中出现的一个极具战略高度的名词,对区域经济开发的宏观决策具有重要的战略指导意义,与之意义相近的名词还有"经济隆起带"、"产业集聚带"、"城市经济带"等①。目前,对经济带的认识学界有很多的纷争,其主要原因在于对经济带的概念、形成机制、发展阶段、发展程度等诸多问题的理解不同。笔者认为,经济带是区域规划体系中均衡发展的过程形成。它具有客观性、区域性和带状形态、多元性和多层次性、开放性以及发展变化性和相对稳定性。经济带的形成往往是以交通干线为轴线、以城市为点或发展极,并且在发展过程中与周围地区经济发展相比具有较高水平的呈条带状分布的经济地域。

2.1.1.2 内涵与外延

"经济带"理论遵循了大国经济的区域化发展规律。"经济带"理论主要运用区域经济学和发展经济学的基本理论来指导地区经济发展的实践,其主要目的是通过宏观的经济布局调整来实现资源优化配置,实现区域间效率和公平的统一。运用的理论一般有增长极理论、梯度理论、点轴辐射开发理论等。

---

① 朱华友,丁四保. 经济带的形成与演进研究——以长春—吉林经济带为例 [J]. 软科学, 2003 (3).

增长极的概念是20世纪50年代由法国著名经济学家佩鲁首次提出的。这一概念的出发点是抽象的经济空间,他将经济空间划分为计划经济空间、力场作用经济空间和均质经济空间三种类型①。此时的增长极思想所关心的主要是增长极的结构特点,尤其是产业间的关联效益,但是却忽略了增长极的空间含义。直至20世纪60年代初,罗温德首次提出了增长极的空间含义②。20世纪60年代中期,布德维尔又重新系统分析了经济空间的概念,改进了佩鲁的增长极理论,首次基于外部经济和聚集经济分析,系统地从理论上将增长极的经济含义推广到地理含义,认为经济空间不仅包含了与一定地理范围相联系的经济变量之间的结构关系,而且包含了经济现象的区位关系(或称为地域结构关系),着重强调了增长极的空间特征③。增长极理论主要用于进行增长点或增长极的培育,其出发点是经济增长的不平衡性。在区域开发和经济运行中,增长极具有两种效应:极化效应和扩散效应。极化效应是增长极形成的首要标志,扩散效应是增长极发展到一定程度后的作用形式和必然产物。实际上,增长极的扩散效应更为政府和市场所重视,因为这涉及培育增长极的目的。由于增长极总是以城市的形式来表现的,因此一个区域上的增长极往往不止一个,正如佩鲁认为的那样,经济增长并非同时出现在所有的地方,它以不同强度首先出现于一些增长点或增长极上,然后通过不同渠道向外扩散,并对整个经济空间产生不同的最终影响④。

从生产布局学诞生之日起,梯度就被广泛用来在地图上表现地区经济发展水平的差别,以及由低水平地区向高水平地区过渡的空间变化历程。区域经济学者将生命循环论引入到区域经济学之中,创造了区域经济梯度转移论。根据梯度转移理论,区域经济学者认为每个国家与地区都处在一定的经济发展梯度上。但是一个区域是处在梯度的顶端、中层,还是低层,并不是由它的地理位置,而是由它的经济发展水平,特别是创新能力来决定的⑤。梯度转移理论认为,经济带的隆起导致了其与周围地区的势能差,由此而产生经济辐射,这种辐射是通过物质流、能量流、信息流、资金流、人才流等形式的梯度转移来实现的⑥。

辐射本来是一个物理学的基础概念,是指能量高的物体和能量低的物体通过一定媒介互相传送能量的过程。在这一过程中,不仅能量高的物体向能量低的物体辐射能量,而且能量低的物体也向能量高的物体反辐射能量,只不过由于后者能量小于前者,因此从净辐射的能量值来看,能量低的物体的能量在不断增加,

---

① 吕军书. 西方园区理论及其对我国经济发展的启示 [J]. 平原大学学报, 2005 (6): 9-11.
② 陈冠华. 我国区域经济发展差异研究 [D]. 中央财经大学, 2010: 1.
③ 李曼. 京津冀区域经济一体化发展研究 [D]. 天津大学, 2005: 12-13.
④⑥ 朱华友, 丁四保. 经济带的形成与演进研究——以长春—吉林经济带为例 [J]. 软科学, 2003 (3): 14-18.
⑤ 高淑媛. 北京区域林业经济发展影响因素的量化分析研究 [D]. 北京林业大学, 2006: 15-16.

直至最后两者达到相同的水平。经济发展与现代化进程中的辐射是指经济发展水平和现代化程度相对较高的地区与经济发展水平和现代化程度相对较低的地区进行资本、人才、技术、市场信息等的流动和思想观念、思维方式、生活习惯等方面的传播①。通过流动和传播,进一步提高经济资源配置的效率,以现代化的思想观念、思维方式、生活习惯取代与现代化相悖的旧的习惯势力。辐射的媒介就是交通条件、信息传播手段和人员的流动等②。

经济带的等级与层次。沃纳·松巴特在此基础上提出生产轴理论,即联结中心地的重要交通干线对区域开发具有促进作用。经济带的组成要素首先是轴,其次是连接在轴线上的点(增长点和增长极),其三是经济带的辐射范围,其空间形态的形成过程是先出现经济发展水平不同的特点,然后出现不同层次的轴,最后才是域面③。

2.1.1.3 特征

经济带在区域规划体系中均衡发展过程形成中,逐步呈现出客观性、区域性和带状形态、多元性和多层次性、开放性以及发展变化性和相对稳定性等特点。从经济带的功能作用以及特征可以看出,经济带也有强弱之分,如果将其进行三级划分的话,可称之为强经济带、次强经济带和弱经济带,它们在时空上表现出不同的特征④(见表2-1)。

表2-1 经济带类型及其特征

经济带类型	特征
强经济带	带内物质流、能量流、信息流密集,经济场强大,辐射功能强,对周围地区的经济发展具有强烈的导向作用
次强经济带	带内经济结构具有较强的互补性,通过各种流来加强经济带与周围地区的联系,经济梯度差不断扩大,扩散效应较强
弱经济带	带内增长极核之间产业关联可能较弱,主要通过各种能量流、信息流等来形成联系。集聚与扩散并存,已具有经济带的雏形⑤

同样的,经济带的时空划分也遵循着强弱规律。经济带的空间形成过程可从

---

① 赵晓玲. 农牧民受教育程度与农村经济发展关系研究——以林芝地区为例 [D]. 四川农业大学, 2008:13-14.

② 李曼. 京津冀区域经济一体化发展研究 [D]. 天津大学, 2005:13-14.

③④ 朱华友, 丁四保. 经济带的形成与演进研究——以长春—吉林经济带为例 [J]. 软科学, 2003(3):14-18.

⑤ 朱丽玲. 天山北坡经济带经济发展的系统分析 [D]. 新疆大学, 2005:14-16.

下面四个阶段来描述：第一阶段：增长极的形成阶段。区域上某两个城镇由于偶然性而得到优先培育，并迅速成为增长极。第二阶段：由于联系的增强，两个增长极之间出现了连接曲线。第三阶段：在轴线上或附近出现不同层次的增长极，并通过次一级轴线连接起来。第四阶段：各增长极融为一体，扩散效应开始产生。扩散效应大于集聚效应，周围地区开始得到发展。

经济带的时间演进过程为由低层次向高层次不断上升，表现为集聚效应与扩散效应的对比上：第一阶段，即弱层次，经济带的扩散效应略大于集聚效应，对周围地区的经济辐射不强，不足以整体带动区域经济的发展；第二阶段，经济带的扩散效应明显加强，对地区经济结构的优化具有明显的导向作用，进一步促进区域专业化和分工的形成；第三阶段，即强层次，经济带已具备自身造血功能，集聚效应基本停滞，对周围地区经济发展具有强烈的推进作用①。

2.1.2 开发开放经济带概念

沿边开发开放，就是要在沿边地区进行各类资源的开发，利用沿边地区特殊的自然环境优势以及社会文化优势实行开发开放，通过沿边开放、对外贸易等多种方式积极促进当地经济发展，从而带动社会进步，通过沿边地区的发展辐射带动周边地区的发展。

在沿边开发开放的地理学以及经济地理学的相关研究中，国外学者大多秉承着传统区位论的观点，他们认为边界作为两个国家或者地区的分割线，对经济的外向型发展起着屏蔽的消极效应。国外学者对边界效应的研究分析主要是通过构建数学模型来进行分析，深入探讨了边界对经济发展的阻碍程度，然而随着经济全球化和区域一体化进程的加快，对边界效应的研究开始有了新的发展②。

自新中国成立后，特别是1978年以来的迅速发展，我国已经形成了多种类型的区域开发新格局。按空间区位可以划分为东部沿海地区、中部地区、西部地区，也可以划分为沿海地区、内陆地区；按开放层次可以划分为经济特区、沿海开放城市、沿海经济开放区、沿边开放区、内地；按经济发展水平又可分为发达地区、中等发达地区、欠发达地区。这样的多角度、多层次的格局划分的形成，是区域差异以及经济社会发展的必然结果，也是区域之间分工合作、和谐统一的客观基础。

不同发展水平的经济区域，其经济带的发展水平也存在强弱之分，张敦富根

---

① 朱华友，丁四保. 经济带的形成与演进研究——以长春—吉林经济带为例［J］. 软科学，2003（3）：14-18.

② 张克树. 沿边开发开放效应研究——以广西壮族自治区东兴市为例［D］. 中央民族大学，2012：16-17.

据我国已形成的基本格局和目标取向,认为我国"九五"时期及下个时期初期区域开发的基本格局可划分为三大类型区、五大经济带、15个极核区。具体划分如表2-2所示①:

表2-2 我国经济开发区空间分布②

区域开发类型区	区域经济开发带	区域开发极核区
强开发类型区	东部沿海开发带	环渤海经济圈,长江三角洲区,闽南大三角区,珠江三角洲区,海南岛
	长江沿岸开发带	武汉极核区,重庆极核区
积极开发类型区	第二座亚欧大陆桥开发带	桥头双堡,晋陕内蒙古能源集中开发区,黄河上游水电有色金属集中开发区
启动开发类型区	沿边经济开发带	东北边疆区,西北边疆区,西南边疆区
	京九铁路沿线开发带	冀中、鲁西、豫东平原区,大别山、井冈山区,粤东山区

这是我国经济带宏观格局的划分,是一种框架式结构,具体到区域内部,又可进一步划分相应等级的经济带。

2.2 "一带一路"战略与沿边外向型经济带

2.2.1 "一带一路"战略的经济发展目标

"一带一路"是指"丝绸之路经济带"与"21世纪海上丝绸之路"。2015年3月28日,国家发展和改革委员会、外交部、商务部经国务院授权发布的《推动共建丝绸之路经济带和21世纪海上丝绸之路的愿景与行动》,在东亚经济圈与欧洲经济圈"中间广大腹地国家"共同合作谋发展的宏大行动规划,即是"一带一路"的深刻本质。

在当前形势下,国际经济格局发生重大变化,中国适应新的形势,在经济发

---

① 朱华友,丁四保.经济带的形成与演进研究——以长春—吉林经济带为例[J].软科学,2003(3):14-18.
② 朱华友.空间集聚与产业区位的形成:理论研究与应用分析[D].东北师范大学,2004:16-17.

展新常态下，推出了建设"一带一路"的构想。这一思路的提出，十分有利于我国展开全方位对外开放新格局，随着格局转换，及时全面推动经济转型升级，为经济发展新常态提供新的引擎。

2.2.1.1 "一带一路"致力于优化经济发展模式

改革开放初期，受限于经济发展水平低，对外开放主要以引进外资以及先进的技术和管理模式为主要方式。经过30多年的努力改善，以"引进来"为主的模式已经不适应新的发展方式，经济发展开始面临资源、环境、结构、劳动力成本、国际环境等多方面、多种因素的制约，在新常态、新形势下，这就必然要求我们积极调整经济结构，抓紧经济布局，实现内外需、引进资金、进出口、对外投资等总体平衡。"一带一路"战略将影响我国发展模式，使我国更好地利用国际市场，优化经济发展模式，基本实现由要素引入为主转化为要素输出与输入均衡发展，即在加大资本投入、改善基础设施建设、掌握和创新专利技术和相关产业"走出去"力度的同时，积极加强资源、能源和高科技技术引入。

2.2.1.2 "一带一路"致力于推动我国经济转型升级

在国际市场需求持续降温、产能普遍过剩和各种要素成本提高的大背景下，发展外向型经济发展受到一定制约，传统的产业供给能力已然大幅超过需求，与此同时，日趋强烈的国际贸易保护主义和国际上动荡起伏的能源价格，助推了我国经济的结构性矛盾加剧和产能过剩压力上升的问题。企业转型、产业结构调整以及发展方式转变已经是我国经济可持续发展的必然选择。因此，提出"一带一路"战略部署，即是通过对外开放，参与国际分工和合作，提高商品质量和完善服务体系，加强竞争，发展对外贸易和经济交流，有效促进了我国经济快速、持续、健康发展。从"一带一路"战略来看，能够为我国东部地区产业转移和化解过剩产能提供更为广阔的空间，能有效推动低端制造业的区域转移，为中西部基础设施的投资建设提供强力支撑，优化沿海地区外贸结构，实质性扩大与沿线国家的合作，增加了电力、高铁、工程、机械、汽车产业等相对成熟工业"走出去"的机遇等。

2.2.1.3 "一带一路"致力于保障我国的经济安全

目前，我国通过大力引进资金、资源、技术、人才和信息来发展经济，但在国际分工中依然处于低发展水平，而且，在我国经济发展的外部环境变得越来越严峻，与发达国家相比，依然没有掌握游戏规则的主动权和话语权，而且包袱沉重，即人口多、家底薄、资源少、产业弱，所以我们在与发达国家的合作与竞争中明显处于劣势。面对这种情况，我国有必要寻找新的贸易伙伴和贸易市场，才能从根本上走出与西方发达国家的贸易合作的困境。在这种情况下，我国提出"一带一路"的战略建设，这一战略不仅使沿线各国保障陆上、海上资源能源运输线的安全,也实现了我国资源能源进口渠道的多元化。最为可贵的是,我们与沿线大多数国家有着共同的命运和历史发展进程,因此在合作中已经积累了很多经验,在同处于发展中国家经济发展水平的现实上,使我们之间的合作比与西方发达国家之间的经济合作和交流更互为补充和顺畅。所以,提出"一带一路"战略建设,一方面,可以摆脱对发达国家的市场依赖,减少与发达国家的贸易摩擦,增强与沿线国家的合作共赢、互联互通①;另一方面,也从地缘政治学考虑,促进地缘政治安全。

2.2.2 "一带一路"战略的经济区域规划

"一带一路"战略的经济区域规划主要从强化区域金融监管合作机制、推进人民币国际化战略、重视国内与国际合作等方面加强规划建设。

"一带一路"战略建设是一项系统工程,在突出重点、远近结合,有力有序有效推进的同时,要坚持共商、共建、共享的原则②。陆上依托国际大通道,以重点经贸产业园区为合作平台,共同打造若干国际经济合作走廊;海上依托重点港口城市,共同打造通畅、安全、高效的运输大通道。

(1)"一带一路"强化区域金融监管合作机制。

强化区域金融监管机制,进一步加强与"一带一路"沿线国家监管当局间的沟通,扩大信息共享范围,积累在重大问题上的政策协调性和监管的经验,逐步在区域内建立高效监管协调的一致性。可以构建区域性金融风险预警体系,实现对"一带一路"区域内各类金融风险的有效分析、监测和预警,及时发现风险隐患,确保区域金融安全稳健运行。逐渐形成应对跨境风险和危机处置的交流合作机制,完善共同应对风险和处置危机的制度安排,协调各方的行动,共同维护区域金融稳定。加强金融机构双向进入,推动我国与"一带一路"沿线国家金融机构互相设立跨境分支机构,提高沿线国家的金融一体化程度。从鼓励国内金融机构"走出去",通过在沿线国家设立银行分支机构配合装备产能输出,对当地经济金融环境、投融资政策的了解,与当地金融机构开展贷款、并购债券、融资代理等金融合作,以银行的跨境一体化经营服务于跨境产业链。同时,欢迎沿线国家金融机构"走进来",沿线国家金融机构来华设立分支机构,将为我国企业利用其海外丰富网点资源和地缘优势"走出去"提供直接触点,为跨境商业合作提供跨境结算、资金、内保外贷等金融服务,丰富我国跨境金融支持载

---

① 艾比布拉·阿布都沙拉木,李姝睿."一带一路":中国经济发展新引擎[N].经济日报,2015-06-15.
② 赵晶,方烨.引领中国开放经济新格局"一带一路"2015年将获实质推进[J].化工管理,2015(1).

体。我国已牵头筹建亚洲基础设施投资银行和"丝路基金",旨在以共同出资、共同受益的多边金融合作方式,向"一带一路"沿线国家和地区的基础设施、资源开发、产业合作等有关项目提供投资金支持。

(2) 推进人民币国际化战略是"一带一路"战略的细化。

在探寻中国经济可持续发展的道路中,"一带一路"战略将助力人民币的国际化进程,随着我国对外经济的快速发展,传统国际贸易结算及国际投资中采用美元、欧元、日元等主要世界货币已不能满足中国对外贸易的需要。而且,人民币汇率制度的改革及市场化需求为人民币国际化的初始发展提供了一定的先决条件[①]。中国经济与世界的互联互通不仅包括陆上和海上经济合作建设,也包括融资平台建设,"一带一路"战略形成的地域经济新格局是建立在相关国家共同繁荣的基础上的,贸易规模扩大、基础建设投融资平台构建对于"一带一路"沿途、沿岸国家将是新的发展机遇,同样对于刚刚起步的人民币的国际化进程,也将会迎来一个新的发展契机。

2005年7月21日,我国拟采取有管理的浮动汇率制,改变了过去人民币单一盯住美元的做法,参考一篮子货币,以市场供求为基础,从而形成更丰富的汇率机制。随着我国经济规模的不断扩大、进出口贸易的高速增长,我国对世界经济的影响力与日俱增。2009年,我国超过德国成为世界第一大出口国;2010年,我国GDP以58786亿美元超越日本GDP的54742亿美元,成为世界第二大规模经济体;2013年,我国以进出口货物贸易总额41603.3亿美元超越美国的39104.1亿美元,成为世界第一大货物贸易国。在中国经济的快速发展的形势下,传统国际结算及国际投资中采用美元、欧元、日元等主要世界货币已不能满足进一步对外开放的需要,人民币汇率制度的改革及市场化需求为我国人民币国际化的初始发展提供了一定的先决条件。而且,一国的货币实现国际化意味着该国货币在价值尺度、流通手段、贮藏手段职能上的延伸,它不仅反映了一国总体政治经济实力,同时也反映了一国在国际金融体系中的话语权及影响力。

"一带一路"战略建设正是可以起到人民币国际化的催化作用,推进人民币的周边化进程,加大基础设施建设、保障交通畅通,以及实行贸易畅通化、便利化,乃至成立丝路基金银行、亚洲基础设施投资开发银行等金融平台都是人民币实现国际化的具体措施和"一带一路"的战略部署,总结"一带一路"战略对人民币国际化的影响,可以用六个字"引领、加深、保障"加以阐述:即基础设施建设将引领人民币进一步"走出去",2013年9月,习近平总书记在哈萨克斯坦首次提出"丝绸之路经济带"的区域合作构想,表达了中国愿意为亚洲邻

---

① 艾比布拉·阿布都沙拉木,李姝睿."一带一路":中国经济发展新引擎[N].经济日报,2015-06-15.

国提供更多公共产品、欢迎各国搭乘中国经济发展便车的愿望。基础设施建设需要庞大的资金，同时建设周期相对较为漫长，因此，以中国为主导提供的相应建设资金可以将人民币作为流通货币，从而将人民币的使用扩大到哈萨克斯坦、吉尔吉斯斯坦等国家，并使得人民币的使用常态化，加快人民币的区域化进程，有利于未来人民币的进一步国际化。

适时提出的"一带一路"战略是通过区域经济合作的深入改变中国外贸遭受传统欧美市场束缚的困境，在"丝绸之路经济带"区域范围内扩大整体市场规模，通过海上丝绸之路实现贸易畅通。同时，中亚国家与我国经济有着极强的互补性，可以提供丰富、廉价的石油、天然气资源，并扭转我国外部市场需求不足的局面，实现合作共赢。由此带来的外贸乘数效应对于中国经济的可持续发展有着重要的意义，贸易规模的扩大可以使得人民币结算降低交易成本，提高交易效率，并深入扩大人民币的区域化进程发展，发挥人民币在区域贸易中的主导作用，金融平台建设将保障人民币较顺利地"走出去"。金融是经济发展的血脉，通过类似毛细血管的作用实现资本的输出及资源的合理配置，配合"一带一路"的战略，中国将出资建立丝路基金及倡导建立亚洲基础设施投资银行，为"一带一路"沿线国家基础设施建设、资源开发、产业合作等项目提供资金支持。包括印度、巴基斯坦、印度尼西亚、新加坡、泰国、马尔代夫等23个国家成为亚投行创始成员国。专项基金的设立及各国之间金融合作的深入会使得人民币的国际化流通进一步加大；同时，通过离岸金融中心的建设以及人民币合格境外投资机构的设立，借助金融创新，将会更进一步增强人民币的国际影响力，为将来人民币国际化提供保障机制。

2.2.3 "一带一路"战略的经济结构建设

借助"一带一路"平台，扩大向西开放，将促进西部地区外向型经济的发展，成为连接中国东中西部地区和南亚、中亚、西亚、欧洲的中间地带，大大提高中西部地区的经济活跃度。在更大的范围内优化生产要素配置，提高对外开放和经济发展水平，向西部开放有助于促进边境地区和西部地区形成新的增长极，加快西部和边境地区的人口集聚，促进西部地区和边境地区的城镇化发展。通过互联互通基础设施条件的改善，造就新的经济增长热点，区域基础设施互联互通是"一带一路"建设的优先领域，通过基础设施的完善，对内连接东西、沟通南北，对外衔接重要国际通道。

根据"一带一路"走向，陆上依托国际大通道，共同打造新亚欧大陆桥、中国—中亚—西亚、中蒙俄、中国—中南半岛等国际经济合作走廊；海上以重点港口为节点，共同建设通畅、安全、高效的运输大通道。新亚欧大陆桥的建设将促进沿线东中西部地区的联动发展和主要节点城市的发展;中国—中亚—西亚经济合作走廊将极大地带动西北地区,特别是新疆的发展;中蒙俄经济走廊将俄罗斯倡导的欧亚经济联盟、蒙古国倡议的草原丝绸之路进行对接,通过"中蒙俄经济走廊"的建设将三方的基础设施建设实现互联互通,带动内蒙古沿边地区的发展,对于目前面临经济增长乏力的东北三省的再振兴尤为重要;中国—中南半岛国际经济合作走廊的建设,将推动整个西南地区的发展,加快昆明国际次区域中心城市的建设①。能源供应系统的变化,有利于内陆地区建设能源储运加工基地,形成新的经济增长点。2012年中国石油净进口量达2.71亿吨,对外依存度达到58%;天然气进口量440亿立方米,对外依存度达30%;油气资源进口量的88%依赖海运②。

随着"一带一路"能源基础设施的互联互通合作,中国的能源进口将从过度依赖海上通道逐步转向海陆并存的多元化供应系统。通过"一带一路"建设,加强与俄罗斯、中亚、西亚的联系,一方面提高能源安全水平,另一方面扩展陆上运输通道,可以促进西部地区沿线节点城市建设进出口能源储运加工基地,形成新的产业基地和经济增长点。事实上,目前中国与俄罗斯、中亚的石油、天然气管道运行良好,为沿线地区能源加工业的发展奠定了良好的基础。贸易畅通促进沿边地区基础设施的改善,加速沿边地区的发展投资贸易合作是"一带一路"建设的重点内容。从硬件上看,贸易畅通需要改善边境口岸通关的设施条件,加快边境口岸"单一窗口"建设,降低通关成本,提升通关能力,使边境地区的基础设施条件大大改善,贸易额大大增加。同时,从软件条件看,跨境经济合作区等各类产业园区的建设,有助于促进边境地区产业集群的发展。随着"一带一路"战略的不断推进,中国对外投资大幅度增长,周边国家可能成为重要的投资区域,沿边将出现新的经济发展中心。扩大人文交流与合作,有助于提升内陆城市综合影响力,形成若干内陆开放中心人文交流与合作可以增进中国与"一带一路"沿线国家的理解和信任,是实现民心想通的重要途径。

2.2.4 "一带一路"战略的经济政策创新

"一带一路"战略实施中的金融政策创新金融支持"一带一路"建设是一项系统工程,既要发挥好市场在金融资源配置中的基础性、决定性作用,政府也要做好顶层设计,从体制、机制上推进金融创新,应对好"一带一路"战略实施

---

① 艾比布拉·阿布都沙拉木,李姝睿."一带一路":中国经济发展新引擎[N].经济日报,2015-06-15.

② 中国行业开发研究网.2012年我国石油对外依存度上升至58%[EB/OL].http://www.chinairn.com/news/20130620/100123220.html,2013-06-20.

中的金融需求①。进一步壮大开发性金融。开发性金融是介于政策性金融和商业性金融之间的金融形态，在实现政府与市场两种机制的有效连接、克服"政府失灵"和"市场失灵"方面有其独特优势。"一带一路"中的基础设施项目大多带有公共产品属性，社会效用较高，但投资周期长、经济收益偏低，需发挥开发性金融的主要力量。首先要加大开发性金融机构资本金补充力度。进一步完善国家开发银行、中国进出口银行等开发性金融机构的资本金补充机制，利用外汇储备充实资本金，提高以上缴税收、利润作为资本金再投入的比例。其次要引导商业银行与开发性金融机构开展合作。以定向宽松、税收优惠等手段，鼓励商业银行与国内、国际开发性金融机构紧密合作，采用银团贷款、委托贷款等方式支持"一带一路"基础设施项目投资。

2.3 "一带一路"战略推动沿边外向型经济带建设

2.3.1 沿边外向型经济带建设："一带一路"战略机遇

"一带一路"沿线国家都渴望能够共同发展，实现经济腾飞。涉及60多个国家、44亿人口，发展阶段比较相近、国情相似。历史上，虽然依托陆海丝绸之路，这些国家之间经济曾经联系密切，人员、文化交流频繁②。但近现代以来，受资源禀赋限制、地缘政治、产业分工等多种因素制约影响，许多沿线国家在现代化进程中发展明显落后。据世界银行统计，截至2012年，沿线国家人均国民总收入还不到世界平均水平的一半，多数国家属于低收入群体，而且还包括9个最不发达国家。这些国家基础设施建设十分落后、产业和社会事业发展水平相对较低、对外开放程度不高。而且，据亚洲开发银行和有关专家预测，亚洲地区除中、日、韩三个国家外，未来十年基础设施每年投资需求为8200亿美元，但相关国家自身仅能提供约4000亿美元，资金缺口十分巨大。在这种背景下，无论是从发展经济、改善民生，还是从加快转型升级的角度看，沿线各国的前途命运，从未像今天这样紧密相连、渴望共同发展。"一带一路"战略的提出，为各国提供了新的发展空间。目前，世界经济主要由两条南北向直线主导，大西洋南

---

① 艾比布拉·阿布都沙拉木，李姝睿. "一带一路"：中国经济发展新引擎［N］. 经济日报，2015 - 06 - 15.

② 中国国际经济交流中心"一带一路"课题组. "一带一路"：全球共同的需要人类共同的梦想［A］. 国际经济分析与展望（2014～2015）［C］. 2015.

北线连接东西两岸欧洲和美国,西太平洋南北连通中、日、韩和东盟,这两条线的经济体占世界经济总量的75%以上。从全球经济发展大格局来看,"一带一路"东牵发展势头强劲的亚太经济圈,西系发达的欧洲经济圈并连带北美经济圈,在两条南北主干线之间架起一条纵贯东西的超大经济带,打造出"H"形的世界经济新格局。"一带一路"的战略实现,将建起世界跨度最长、发展潜力最大的经济走廊,成为世界经济最具活力的新的增长点。"一带一路"战略有利于解决当前全球经济面临的共同问题和挑战。当前,全球经济仍处于国际金融危机后的深度调整时期,总体复苏态势难有改观,国际金融市场的波动,贸易保护主义加剧,大宗商品价格波动,国际经济、金融治理改革步履艰难,各国都面临转变结构的艰难选择。基础设施薄弱、联通不畅成为制约经济发展的瓶颈,气候变化,环境、资源的制约和粮食安全等重大挑战日益突出。"一带一路"深度挖掘沿线国家可持续发展的合作潜力,推动更深层和更多样的区域合作,通过建设性的对话和协商努力解决各方发展过程中出现的矛盾和问题,实现沿线国家的互联互通,共同应对全球性增长和治理难题,为世界经济注入新的活力。

2.3.2 沿边外向型经济带建设:"一带一路"战略目标

2013年9月和10月,习近平总书记出访哈萨克斯坦和印度尼西亚时,分别提出共建"丝绸之路经济带"和"21世纪海上丝绸之路"的重大战略构想,得到国际社会高度关注和积极响应。2014年12月,国家"一带一路"战略规划以内部文件下发,明确了"一带一路"的指导思想、策略原则、战略目标、战略布局、重点任务和推进措施。2015年3月,博鳌亚洲论坛2015年年会期间,国家发改委、外交部、商务部联合发布了《推动共建丝绸之路经济带和21世纪海上丝绸之路的愿景和行动》,阐明了"一带一路"的时代背景、共建原则、框架思路、合作重点、合作机制,以及我国各地方的开放态势、我国的积极行动和美好愿望。习近平总书记在博鳌亚洲论坛发表《迈向命运共同体,开创亚洲新未来》的主旨演讲,提出了"四个坚持",即坚持各国相互尊重、平等相待,坚持合作共赢、共同发展,坚持实现共同、综合、合作、可持续的安全,坚持不同文明兼容并蓄,交流互鉴。

2.3.3 沿边外向型经济带建设:"一带一路"战略思路

共建"一带一路"应当秉承和平合作、开放包容、互学互鉴、互利共赢的理念,以"五通",即政策沟通、设施联通、贸易畅通、资金融通、民心相通为主要内容,全方位推进务实合作,打造政治互信、经济融合、文化包容的利益共同体、责任共同体和命运共同体。具体内容包括三个方面:

一是把握好合作方向。"一带一路"贯穿亚欧非大陆,一头是活跃的东亚经济圈,一头是发达的欧洲经济圈,中间广大腹地国家经济发展潜力巨大。丝绸之路经济带包括3个方向:重点畅通中国经中亚、俄罗斯至欧洲(波罗的海);中国经中亚、西亚至波斯湾、地中海;中国至东南亚、南亚、印度洋。21世纪海上丝绸之路包括2个方向:从中国沿海港口过南海到印度洋,延伸至欧洲;从中国沿海港口过南海到南太平洋。

二是共建国际经济合作走廊。共建6大走廊:陆上依托国际大通道,以沿线中心城市为支撑,以重点经贸产业园区为合作平台,共同打造新亚欧大陆桥、中蒙俄、中国—中亚—西亚、中国—中南半岛等国际经济合作走廊;海上以重点港口为节点,共同建设通畅、安全、高效的运输大通道。中巴、孟中印缅两个经济走廊与推进"一带一路"建设关联甚密,要进一步推动合作,取得更大进展。

三是推动形成区域经济一体化新格局。"一带一路"建设是沿线各国开放合作的宏大经济愿景,需要各国携手努力,朝着互利互惠、共同安全的目标相向而行,尽早建成安全高效的陆海空通道网络,实现区域互联互通,促进投资贸易便利化达到一个新水平,彼此之间经济联系更加紧密,政治互信更加深入,形成更大范围、更宽领域、更深层次的区域经济一体化新格局。同时,要推动"一带一路"沿线各国人文交流更加广泛深入,使不同文明互鉴共荣,各国人民友好相处。

2.3.4 沿边外向型经济带建设:"一带一路"战略动力

建设"一带一路",是党中央根据全球形势深刻变化,统筹国内国际两个大局做出的重大战略决策,对于开创我国全方位对外开放新格局,推进中华民族伟大复兴进程,促进世界和平发展,具有划时代的重大意义。

当前,我国经济正在向形态更高级、分工更复杂、结构更合理的阶段演化,经济发展进入新常态,正从高速增长转向中高速增长,经济发展方式正从规模速度型粗放增长转向质量效率型集约增长,经济结构正从增量扩能为主转向调整存量、做优增量并存的深度调整,经济发展动力正从传统增长点转向新的增长点。这种新常态,意味着必然会出现新问题、新挑战、新机遇,要求我们必须有新的思路、新的举措、新的作为。

共建"一带一路"顺应世界多极化、经济全球化、文化多样化、社会信息化的潮流,秉持开放的区域合作精神,致力于维护全球自由贸易体系和开放型世界经济。共建"一带一路"旨在促进经济要素有序自由流动、资源高效配置和市场深度融合,推动沿线各国实现经济政策协调,开展更大范围、更高水平、更深层次的区域合作,共同打造开放、包容、均衡、普惠的区域经济合作架构。共建"一带一路"符合国际社会的根本利益,彰显人类社会共同理想和美好追求,是国际合作以及全球治理新模式的积极探索,将为世界和平发展增添新的正能量。

共建"一带一路"要坚持开放合作。"一带一路"相关的国家基于但不限于古代丝绸之路的范围,各国和国际、地区组织均可参与,让共建成果惠及更广泛的区域。

共建"一带一路"要坚持和谐包容。倡导文明宽容,尊重各国发展道路和模式的选择,加强不同文明之间的对话,求同存异、兼容并蓄、和平共处、共生共荣。

共建"一带一路"要坚持市场运作。遵循市场规律和国际通行规则,充分发挥市场在资源配置中的决定性作用和各类企业的主体作用,同时发挥好政府的作用。

共建"一带一路"要坚持互利共赢。兼顾各方利益和关切,寻求利益契合点和合作最大公约数,体现各方智慧和创意,各施所长,各尽所能,把各方优势和潜力充分发挥出来。

2.4 建设中越沿边开发开放经济带的重要战略作用

2.4.1 实现"一带"与"一路"有效对接

作为一个同时拥有漫长海岸线和陆境线的海陆复合国家,受地理区位、资源禀赋、国家战略和国际环境等诸多方面因素的影响,中国的东西部区域发展和海陆对外开放中常常面临严重失衡的发展状况,从而呈现出东快西慢和海强陆弱的格局。

因此统筹区域发展和海陆开放,形成"一带"与"一路"的协同与联动效应就显得尤为重要。"一带"与"一路"之间并非竞争性的相互替代关系。二者同时被提出正是体现出新时期下的中国统筹东西部、海洋与陆地的战略意志。李克强总理在 2014 年的政府工作报告上指出,要谋划区域发展新格局,由东向西,由沿海向内地,沿大江大河和陆路交通干线,推进梯度发展①。通过国内统一市场和经济内循环建设,有助于东部地区的要素、资金、产业逐步向中西部地区转

---

① 朱国安. 基于治理中的地方政府竞合关系研究——以成渝经济区为例 [D]. 重庆大学,2014:15-17.

移。在此基础上,以西部地区为"桥头堡",东部的产业也可以更为便捷地向沿线发展中国家(尤其是东南亚、中亚、南亚、中东欧等地区)转移。从而使东部地区的转型升级得以在整个亚欧大市场的宏观框架下展开。因此,未来东部地区的商品、人员、产业等既可以沿着海上丝绸之路通往太平洋和印度洋相关国家,也可以通过西部地区沿着丝绸之路经济带进入陆上相关各国。

2014年国家出台的《国务院关于依托黄金水道推动长江经济带发展的指导意见》进一步明确了:"用好海陆双向开放的区位资源,创新开放模式,促进优势互补,培育内陆开放高地,加快同周边国家和地区基础设施的互联互通,加强与丝绸之路经济带、海上丝绸之路的衔接互动。"

"一带一路"的规划构图并非是要试图以陆制海,也不是以"西进"对冲美国"战略东移"的权宜之计。从长远角度上看,"一带一路"战略旨在扭转长期以来经济中心沿海化、东西部发展和海陆开放严重失衡的现状,实现中国的区域协调发展和海陆全面开放,建设东西互通、海陆共融的全方位对外开放新格局。

2.4.2 充分利用国内外两个市场和两块资源

党的十八届三中全会通过的《中共中央关于全面深化改革若干重大问题的决定》使"一带一路"战略由此升级为国家战略。很多省份已经将"一带一路"的设想写入未来规划中,作为丝绸之路经济带的核心区,新疆已经启动亚欧交通枢纽、商贸物流、金融、文化科教和医疗服务"五大中心"规划编制工作。黑龙江省提出建设以哈尔滨为中心、连接欧亚的"东部陆海丝绸之路经济带"的战略构想,打造跨境产业链,促进产业提档升级,着力构建全方位对外开放新格局。吉林省充分利用沿边近海优势,推进长吉图开发开放先导区战略,开启国际经贸合作新模式。中国的"一带一路"与美、欧、俄主导的"新丝绸之路"相比,最大的特点是开放性和包容性。实现"一带一路"与俄罗斯的"跨欧亚发展带"有效对接,可以促进欧亚经济一体化,共同建设欧亚大市场,共同引领来自亚太和欧洲的国家参与欧亚大陆经济整合的新格局,从而对当前世界经济版图产生重要影响,促进新的全球政治经济秩序的形成①。"一带一路"战略从开放广度上讲,为发展中国西部地区,实施向西开放战略,形成全方位开放新格局;从开放深度上讲,顺应世界区域经济一体化发展趋势,以周边为基础加快实施自由贸易区战略,实现商品、资本和劳动力的自由流动。

在我国从经济大国向经济强国转变的目标下,"一带一路"战略建设意味着我国正努力将自身的经济增长体系转化为区域增长体系。当前全球贸易体系正经

---

① 李新. 亚信会议拓展亚洲经济合作空间[J]. 社会观察,2014(6):63-65.

历自 1994 年乌拉圭回合谈判以来最大的一轮重构。第一，"一带一路"战略将形成全球第三大贸易轴心，覆盖总人口约 46 亿（超过世界人口 60%），GDP 总量达 20 万亿美元（约占全球 1/3）。区域内国家经济增长对跨境贸易的依赖程度较高，2000 年各国平均外贸依存度为 32.6%，2010 年提高到 33.9%，2012 年达到 34.5%，远高于同期 24.3% 的全球平均水平①。同时，根据世界银行数据计算，1990～2013 年，全球贸易、跨境直接投资年均增长速度分别为 7.8% 和 9.7%，而"一带一路"相关 65 个国家同期的年均增长速度分别达到 13.1% 和 16.5%；尤其是国际金融危机后的 2010～2013 年，"一带一路"对外贸易、外资净流入年均增长速度分别达到 13.9% 和 6.2%，比全球平均水平高出 4.6 个和 3.4 个百分点②。

第二，"一带一路"将构筑新的雁阵模式。雁阵模式的核心是产业转移，从 20 世纪 60 年代到 80 年代，从日本到"亚洲四小龙"再到东盟其他国家，东亚国家和地区通过产业的依次梯度转移，大力发展外向型经济，实现了整个地区的经济腾飞，形成"雁阵模式"。20 世纪 80 年代，亚洲形成以日本为核心的雁阵模式，其中日本以其先进的工业结构占据了雁阵分工体系的顶层，新兴工业化经济体处于第二梯度，我国及东盟诸国为第三梯度。三个梯度分别以技术密集与高附加值产业、资本技术密集产业、劳动密集型产业为特征。随着我国产业结构升级以及日本经济持续衰退，过去以日本为雁首的亚洲产业分工和产业转移模式逐渐被打破。根据劳动力成本和各国的自然资源禀赋相对比较优势，未来 5 年，我国劳动力密集型行业和资本密集型行业有望依次转移到"一带一路"周边及沿线国家，带动沿线国家产业升级和工业化水平提升，构筑以我国为雁首的新雁阵模式，要充分挖掘"一带一路"区域国家经济互补性，建立和健全供应链、产业链和价值链，促进泛亚和亚欧经济一体化。

第三，"一带一路"将形成陆海统筹的经济循环。"一带一路"将打破长期以来陆权和海权分立的格局，推动形成一个欧亚大陆与太平洋、印度洋和大西洋完全边连接、陆海一体的地缘空间格局。建设"一带一路"形成一批纵横交错、互相连接的沿海、沿江、沿边的战略大通道，以外部通道建设加快内部各主要经济区块联系和整合，缓解西部内陆地区区位和空间劣势，破解我国内陆地区因不靠边、不靠海导致的开放条件制约，加快我国西部地区同长三角、珠三角（含港澳）、环渤海和东南亚地区的连通，弥补传统欧亚大陆桥辐射力的缺失，将西部

---

① 东方财富网. 构建"一带一路"的高标准自贸区网络 [EB/OL]. http://finance.eastmoney.com/news/1372,20150504502992940.html,2015-05-04.

② 中国经济新闻网. "一带一路"建设：贸易投资合作是关键 [EB/OL]. http://www.cet.com.cn/ycpd/sdyd/1389395.shtml,2014-12-03.

地区、珠三角和东南亚地区横向地连在一起，以跨境大贸易大合作大交通，打造一批重要物流链和关键节点，推动形成具有跨国境要素集成能力、市场辐射能力的区域产业发展新布局。

第四，"一带一路"与国内自贸区相互促动连接。"一带一路"与自贸区建设是一体两面、相互配套的关系，将共同构成我国新对外开放格局，前者侧重以基础设施为先导促进沿线经济体互联互通，而后者则以降低贸易门槛、提升贸易便利化水平、加快区域内经济一体化为主要内容。

2.4.3 治理沿边地区贫困，实现跨越式发展

经济增长往往与社会发展之间呈现出相互促进，又相互对立、彼此矛盾的对立统一关系。这表现在经济增长与就业、收入分配等诸多方面。从区域收入看，如果发展的目标取向为社会公平，则必须兼顾发达地区与贫困落后地区的发展，予以公平的发展权；如果发展的目标是经济效益最大化，则应将资金投向见效快的发达地区，结果必然是穷的地区越来越贫穷，富的地区越来越富裕，区域间的差距将不断扩大，从而出现马太效应的逐步扩大化。如果一个国家内部各区域的发展水平差别过大，则不利于整个国民经济的持续有效发展，同时区域间的发展水平差别既有可能会引发一系列的社会矛盾，落后地区也会使自身陷入一个恶性循环的落后贫困的境地。落后地区因为本身的收入水平低下，购买力水平低，使得对外界投资的吸引力欠缺，因此生产率得不到提高，并如此周而复始。

1978年以前，我国区域开发主要依托以行政主导型所划分的区域，并对我国区域开发产生了极其深刻的影响。虽然行政主导型的区域开发在我国取得了一定成就，但难以适应市场经济发展的需要，尤其是行政区划的壁垒阻碍了生产要素的合理流动，影响了区域开发的整体效益和长远效益。因此，自1978年改革开放以来，区域开发逐渐从行政主导型向以经济利益为主导、多种形式并存的方向发展。

在对外开放的进程中，我国主要经历了由特区经济过渡到沿海开放城市，再演变到沿江沿边开放，最后向全面开放发展等几个阶段。但是由于在地理区位、资源条件、发展基础、人文因素、政策倾向等多种实际因素的影响下，我国对外开放进程存在一定的不均衡，总体的发展态势呈现出东快西慢、海强陆弱的特点。在这种特点的影响下，我国经济发展也呈现出一系列新情况、新问题、新思路，例如城乡市场互补问题、资源利用与环境保护问题、东西部区域市场发展不均衡问题、沿海发达城市与内陆欠发达地区差距增大问题、就业压力增大问题等。新常态下发展"一带一路"战略，一方面，能够有效提升东部、南部沿海

开放水平,另一方面,将有效带动整个中西部地区的开发开放,形成海陆统筹、东西互补、面向全球的全方位开放新形势,可以有效迅速解决区域间的发展差距问题,形成公平竞争与开放合作的统一市场,为实现我国人口、环境、空间、资源均衡发展的良好态势奠定基础。

第3章 中越沿边开发开放经济带建设概述

3.1 中越沿边开发开放经济带建设历程

中越两国沿边开发开放的建设历程深受中越两国外交关系波动的影响,中越两国沿边的开发开放主要始于1991年中越两国外交关系正常化后。自此,中越两国沿边的开发开放处于总体跨越式发展的状态。

3.1.1 1949~1979年:计划经济时期

1949年新中国成立,而此时越南仍旧处于长年的抗法战争中。1950年1月,中越两国建立外交关系,中国在国际上正式承认越南民主共和国,中国亦是世界上最早承认越南民主共和国的国家。新中国刚刚成立不久,国内经济处于恢复阶段,百废待兴,困难重重,但是,中国从维护国家自身安全和履行国际主义义务两方面考虑,仍然支持越南争取国家独立和民族解放的伟大革命事业,为越南抗法战争提供大量的无偿军事援助。

为了援助越南的抗法战争,获得民族独立,中国还为越南提供大量的物资援助。越南统计局公布的数据表明,在1950年至1954年的5年抗法战争中,中国向越南提供的援助主要有:"各种枪支15.5万多支、枪弹5785万发、火炮3692门、炮弹108万多发、手榴弹84万多枚、汽车1231辆、军服140万多套、粮食和副食品1.4万吨、油料2.6万余吨,以及大量的医药、通信和工兵器材及其他军用物资。"①

---

① 越南统计总局. 20世纪越南数据统计[M]. 越南统计出版社,2004.

在越南抗法期间，中国是唯一一向越南提供大量无偿援助的国家。此时中越外交关系较好。1952年，中越开始有小额的边境贸易。中越边境贸易主要涉及我国的广西和云南两个省区。1954年，中越两国政府签订了《两国边境贸易议定书》，同年，广西境内的凭祥铁路口岸建成，大大便利了广西和越南的边境贸易的发展。1955年起，中越开始办理铁路联运业务，进一步推进了中越两国边境地区的初步开发开放。

1954年后，美国开始干预越南事务。1961~1975年，越南政府都处于抗美救国时期。此时，我国仍对越南提供无偿的各种援助，并派出军事顾问团协助越南工作。越南最终取得抗美战争的胜利，获得国家独立和主权完整。中越的外交关系又进了一步。

在抗法战争时期和抗美战争时期，越南的首要根本利益是维护主权独立和国家统一，无暇他顾。然而，在取得胜利后，恢复国内经济建设，提高人民生活水平则成为越南的首要利益和发展规划。越南为摆脱国内窘境，发展经济，推动国家向工业化和现代化发展，积极和中国发展边境贸易。我国也处于新中国刚成立不久，集中精力发展经济，实现现代化建设也是首要目标。中越两国利益趋同，积极打开国门，中越边境地区开发开放进入了初步探索时期。中越两国先后又签订了《边贸货币兑换协定书》、《两国边境地方国营贸易公司进行货物交换的议定书》等协议。中越两国的边境地区还设置了边贸办事处，方便处理中越两国边境地区边民的边境贸易的相关事宜。1960年，中越两国又签订了《边境省份贸易协定》。根据这些协议，边民互市贸易的产品免征关税，双边参与互市的边民还可以兑换一定限额的货币。1960年，越南北部三省和云南先后开放了11对边境边民互市口岸。1963年，又确定设立了6对边境边民小额贸易口岸。1960~1970年，我国边境省区广西和云南还与相邻的越南高平、谅山等省区的相关部门签订了《换货议定书》，开始开放开展一些边境地方贸易。1970年以后，边境地方贸易继续开发开放，开始纳入一般贸易。① 随着中越边境地区的不断开发开放，我国边境口岸的数量也呈不断增加趋势。

3.1.2　1979~1994年：改革开放探索期

1979年后，中越关系进入非正常状态，我国发起对越自卫反击战，中越两国在边境地区兵戎相见。在这段时期，中越两国外交关系处于冰点，中越两国边境地区边贸互市也处于停滞时期。所有互市口岸和铁路等基础设施都处于停运阶段。自此，中越两国进入长达10年之久的对峙时期。

---

① 国家发展和改革委员会等. 中国改革开放：1978~2008 [M]. 北京：人民出版社，2009.

第3章 中越沿边开发开放经济带建设概述

1983年底，我国逐步在广西大新、宁明、防城港、靖西和那坡，以及云南的马关、富宁、金平和麻栗坡相继设立了9个对越南的临时贸易点，开始展开中越边境地区边民的一些小额贸易，逐步恢复对越的边境贸易，进行中越边境地区的开发开放。① 但这一时期，边民互市的产品主要集中于生活用品和一些农产品，数量较小，种类较少，利润较低。

1984年12月，我国相关部门制定了《边境小额贸易暂行管理办法》，在该办法中，我国明确定义小额边境贸易是指在我国边境城镇中，经省、自治区政府指定的部门和企业与对方边境城镇之间的小额贸易，以及两国边民之间的互市贸易，也就是涵盖了目前所称的边境小额贸易和边民互市贸易。

1985年，我国国务院发布了《关于口岸开放的若干规定》，这一规定对中越两国边境地区的口岸的相关事宜进行了明确的规定，分别具体地给口岸作了明确的定义，并且规定了不同口岸的分类和具体管理办法。这一规定对中越两国边境地区的开发开放具有非常重要的历史性意义，为后期中越两国边境地区的口岸发展指明了方向。同年，云南积极响应国家政策，云南相关部门制定了《云南省关于边境贸易的暂行规定》，积极开放边境地区，放宽中越两国边境地区边境贸易的优惠政策。例如，1985年2月，云南将德宏州设立为边境贸易区，德宏州的边贸发展带动了整个云南省和越南边境地区的边贸发展，为后期云南和越南边境地区的进一步开发开放树立了榜样，具有十分重要的意义。

1982～1988年，广西政府因时制宜，在广西的边境地区，先后设置了9个"革皮街"贸易点，以民间性质允许越南边民前来参与集市贸易，打破中越两国关系非正常状态下边贸的冰点。

20世纪80年代末，中越两国外交关系才开始逐渐缓和。

1989年春节，越南单方面地开放边境地区，在100多个边境点进行贸易。我国广西和云南迅速积极采取相关配合措施，在边境地区开放互市贸易点，促使中越边境贸易逐渐恢复正常。

1991年11月5日，越南最高领导人杜梅等人组成越南高级代表团正式访华，与江泽民总书记等人进行了双边会谈。在这次会谈中，中越两国领导人一致认为中越关系实现了正常化。在这次中越两国领导人的会晤中，还签订了《中越联合公报》，这一公报主要旨在谋求中越双边的和平友好的外交关系。这一公报的签订标志着中越两国终于结束了长达12年的长期对峙状态，中越两国的外交关系重新恢复正常化，为中越两国边境地区的经济合作发展扫除了政治上的障碍，为中越两国边境地区的发展奠定了坚实的基础。由此，中越两国边境地区的开发开

---

① 杨清震. 中国边境贸易概论［M］. 北京：中国商务出版社，2005.

放进入一个新的历史阶段。

1991年,我国经贸部等相关部门发布了《关于积极发展边境贸易和经济合作,促进边境繁荣稳定的意见》,该意见确定了中越两国边境地区开发开放中边境小额易货贸易和边民互市贸易的两种形式。边境小额易货贸易是指在我国边境对外开发开放的地区,持有相关小额易货贸易经营权的公司和越南边境地区同样具有合法资格的机构之间进行小额易货贸易;而边民互市贸易则是指在中越两国边境地区的边民,根据中越两国边境地区边民互市贸易的管理办法,在一定金额或者数量范围内,根据自产、自销、自用的原则在两国边境地区政府所允许的开放地区或者指定的集市上进行的商品贸易活动①。

1992年,亚洲开发银行发起大湄公河次区域经济合作的计划,这一计划加强了我国与越南的经济合作,促进了中越两国沿边经济的进一步交流合作。

1992年,邓小平南方谈话中,进一步提出加快对外开放,同时提出"我们要像重视沿海那样重视沿边的开放"。这一指示,为我国边境地区加快同越南边境地区的开发开放指明了方向,注入了强大的动力,促进了我国边境地区加快对越南开发开放的步伐,加强对越南开发开放的力量。

1992年4月,我国经贸部制定了《关于积极发展边境贸易和经济合作促进边境繁荣的意见》,该意见指出,除国家限制进出口的产品以及烟、酒、化妆品等商品外,国家减半或者免征进口税和产品税,这一意见给予我国中越边境地区的边境贸易极大的政策优惠,促进了我国中越边境地区边贸的进一步发展。在此基础上,广西政府结合其实际情况,亦制定了相关优惠政策,例如在广西范围内设立企业的区外单位,均可享受国务院规定的向"老、少、边、穷"地区进行投资的优惠待遇,从获利之年起减半征收税五年等;广西凭祥市也根据自己的实际情况制定了《关于发展边贸的若干规定》等,规范了开发开放的优惠政策和具体的相关措施;防城港市也制定了一些有关国内投资开发东兴的优惠政策。

1992年,我国相关部门陆续恢复先前关闭的云南边境口岸。云南与越南边境口岸地区的边境贸易也迅速发展,其贸易额呈稳定增长的态势,为云南边境地区的对外开发开放也做出了积极的贡献。

同一时期,越南也出台相关的法律法规,规定越南欢迎和鼓励国外组织或者个人在尊重越南独立主权、遵守越南法律的基础上,本着平等互利的原则,在越南境内进行投资。这一政策,也是越南国内进一步加大开发开放战略的体现。

我国相关部门的公开数据表明,1992年。中越边境贸易同比增长82%,是目前中越边境贸易额增幅的最高值。这一结果表明,中越边境地区的开发开放取得了明显

---

① 杭承康. 论新疆口岸开放与边境贸易发展[D]. 首都经济贸易大学,2002:35 – 36.

的成效，中越贸易取得恢复性发展，两国边境地区的经贸合作也得到实质性的认可。

随着中越边境地区边境贸易的不断恢复发展，中越两国边境地区的边境贸易已经从之前单一的互市贸易、小额贸易发展为大宗贸易，双边贸易也发展成第三国过货贸易。其交易产品也由过去单一的农副产品和生活用品开始发展到生产资料等。商品品种也由最初的 100 多种发展到 1000 多种。此外，广西的边境贸易不仅在中越的边境地区进行，而且已经发展到了越南内地。

3.1.3 1994~2000 年：深化改革期

1996 年初，我国国务院发布了《国务院关于边境贸易有关问题的通知》，这一规定对边境贸易中边民互市和边境小额贸易这两种形式做了更加明确的规定。该通知明确指出在边民互市的进出口贸易中，每人每日价值在 1000 元以内的商品将免征进口相关的关税。在这一通知的基础上，1996 年 3 月底，外经贸部和海关总署也制定了《边民互市贸易管理办法》和《边境小额贸易和边境地区对外经济技术合作管理办法》，这些办法是我国首次将对外经济技术合作纳入边境地区的管理中，为我国在中越两国沿边地区的开发开放指明了方向。

1997 年东南亚金融危机爆发，越南国内经济深受危机影响，对中越两国边境地区的开发开放造成极大的影响，中越两国的贸易总额跌至历史上最低点。

1998 年，我国对外贸易经济合作部和海关总署制定了《关于进一步发展边境贸易的补充规定的通知》，这一通知是在 1996 年国务院发布的《国务院关于边境贸易有关问题的通知》的基础上，将边境地区边民互市的进出口贸易中免征进口的相关税的商品限额由每人每日价值 1000 元上升到 3000 元。这一通知显著促进了中越两国边境贸易的深度发展，两国边境贸易的种类、数量、额度都大幅度增加，也逐步转向边民互市和边境小额贸易交叉发展、生活生产用品等相结合的综合性贸易方式。

1999 年，中越两国发表联合声明，明确指出中越两国志向于长期友好的合作关系，并确定了"长期稳定、面向未来、睦邻友好、全面合作"的方针政策，政治关系的稳定为经济的合作开发开放提供了保障，中越两国沿边经济的开发开放又进了一步。

2000 年，我国提出西部大开发的战略政策，进一步促进东西部的协调发展，将东部的剩余精力纳入西部，促进西部地区的经济开发发展，以形成我国全方位、多层次、宽领域的对外开放格局。这次西部大开发战略中包括处于中越边境的广西和云南两地。国家对西部经济的大力支持亦促进了我国广西和云南两地沿边地区和越南沿边地区的开发开放。

在我国深化改革期，中越两国沿边的开发开放已初具态势，中越两国沿边地区的边贸也进入蓬勃发展时期。这一时期，我国国内处于深化改革时期，我国在中越两国沿边的开发开放也处于逐步展开时期,由最初的互市贸易点逐渐放开到互市贸易带。

3.1.4 2000 年至今:沿边开放期

在深化改革的渐进过程中,我国不仅着眼于国家内部经济体制的改革,而且注重于国内外的开发开放。

3.1.4.1 中国—东盟自由贸易区的建设

2000 年,在新加坡举行的中国—东盟"10+1"会议上,各国提出欲建立一个世界上最大的自由贸易区的构想。2001 年 11 月,第七次东盟首脑会议在文莱举行,在这次会议中,参与国正式提出建立中国—东盟自由贸易区的目标,中国和东盟十国计划在十年内建成。2001 年 12 月 11 日,我国加入世界贸易组织,为我国国内经济的发展带来突破性的进展,也为我国的对外贸易带来极大的机遇。这一时期,我国对外贸易额呈爆炸性上升趋势,也为中越两国沿边地区的开发开放提供了一定的保障。2002 年 5 月,第一次中国—东盟谈判委员会会议和第三次中国—东盟经济高官会在北京召开,这次会议正式启动商议中国—东盟自由贸易区相关事宜进程。同年,在金边举行的第六次中国—东盟领导人会议上,各国领导人在会议上正式签署了《中国与东盟全面经济合作框架协议》,这标志着中国—东盟自由贸易区开始由最初的设想进入到实际的操作阶段,具有划时代的意义。有关中国—东盟自由贸易区相关事宜的正式商议也标志着我国与东盟国家关系的进一步开放合作。这一里程碑的事件必将对中越两国沿边开发开放产生积极深远的重要意义。

中国—东盟自由贸易区建设的初衷便是降低自由贸易区内国家相互进出口贸易的关税,扩大进出口贸易范围和贸易品种,增加进出口贸易额。2004 年 1 月,中国—东盟各国在《中国—东盟全面经济合作框架协议》的基础上创造性地提出并实施了"早期收获计划",这一计划旨在全面降税,降税产品集中在《海关税则》的第一章到第八章的产品,部分国家的特殊情况则区别对待。该计划中,有关我国和越南早期收获产品的关税降税政策可以多享受两年的过渡期,到 2008 年两国将取消全部早期收获产品的关税。这一计划的实施大大加速了我国广西、云南和越南沿边的开发开放。不仅如此,早期收获计划的成功,尤其是农产品贸易额的大大增加,也增加了各国尽早建成中国—东盟自由贸易区的信心和热情。2004 年的相关进出口贸易额的数据表明,中国已是越南最大的贸易伙伴,越南也越来越重视与我国经济贸易往来的合作。然而在 2009 年底公布的数据中,中越两国出现了十年来首次的负增长,中越两国切实认识到加强双边经贸合作的重要性,开始加快步伐,采取相关措施。2010 年 1 月,中越两国正式全面启动中国—东盟自由贸易区,实现零关税贸易。中越两国沿边贸易额不断增加,中国—东盟自由贸易区收效颇丰。2013年,在第十六次中国—东盟领导人的会议上,发布了《纪念中国—东盟建立战略伙伴关系10周年联合声明》,该声明欲建立一个升级版的中国—东盟自贸区。① 升级版的中国—东盟自贸区旨在进一步开放货物、服务和投资三大市场。在货物市场领域,升级版的中国—东盟自贸区将加大降税幅度和商品范围。在服务市场领域,中越双方都增加更多部门的开发。在投资市场方面,我国将加大开放力度,给予参与国更多的优惠政策。

3.1.4.2 中越沿边合建经贸合作区

随着中国—东盟自由贸易区进程的不断推进,中越两国沿边的开发开放也进入加速期。

(1) 广西—越南沿边经贸合作。

2005年,广西崇左市政府和越南谅山的商贸旅游厅签订了联合建设中国凭祥—越南同登跨境经济合作区的计划书。这一大胆探索得到了广西的认可和支持,也为广西、越南的沿边地区作出了表率。2007年1月,广西和越南签订《建立中越边境经济合作区备忘录》,该备忘录指出,广西凭祥和越南同登要在沿边地带各划出8.5平方公里的区域建设成跨境经济合作区。这一指示极大地促进了广西凭祥的沿边开发开放,具有里程碑式的重要意义。同年11月,广西东兴与越南芒街签订了《中国东兴—越南芒街跨境经济合作区框架协议》,该协议也规划建设面积5.23平方公里的经济合作区;广西百色与越南高平签订了《中国龙邦—越南茶岭口岸中越边境经济区合作协议》。2008年,中国国务院颁布了《国务院关于促进边境地区经贸发展问题的批复》,这一批复是我国第二次提高边境地区边民进出口贸易时的免税额度,即将边民市中生活用品的免税额度由之前的每人每日3000元提高到8000元。不仅如此,这次批复首次涉及我国边境地区互市交易中人民币结算的问题,首次开始设立人民币结算办理出口退税的试点。这一决定,极大地便利了中越沿边居民的相互进出口贸易,促进了中越边境口岸经济的健康发展,同时,也标志着我国沿边的开发开放朝着全面成熟的方向发展,有利于中越边境地区全方位的开发开放。2009年,中越两国共同草拟了《中华人民共和国政府和越南社会主义共和国政府关于中越陆地边境口岸及其管理制度的协定》,这一协定规范了中越两国沿边口岸的正常化运作,促进了口岸经济长久有效有序的健康发展。2009年8月,我国相关部门通过了《中国凭祥—越南同登跨境经济合作区可行性研究报告》,初步确定了中国凭祥和越南同登跨境经济合作区建设的"蓝图"。2009年12月,中国国务院颁布了《关于进一步促进广西经济社会发展的若干意见》,该意见中指出国家将大力支持广西能

---

① 纪念中国—东盟建立战略伙伴关系10周年联合声明 [N]. 人民日报,2013 - 10 - 10.

够在有条件的口岸与越南边境地区合作建设跨境经济合作区。2010年9月,广西相关部门和越南广宁省在中国东兴—越南芒街跨境经济合作区的研讨会上一致通过《共同推进建立中国广西东兴—越南广宁省芒街跨境经济合作区协议》,该协议首次明确指出跨境经济合作区将着重开展基础设施建设、跨境旅游合作项目建设、相关产业扶持融合发展、环境保护合作等其他中越两国沿边地区共同关心的其他领域的合作建设。这次会议具有划时代的意义,标志着中越两国沿边跨境经济合作区的建设取得了实质性的进步。2010年底,中国广西百色提出建设百色(靖西)边境经济合作区的规划,初步确立建设龙邦—茶岭跨境经济合作区。

中国广西壮族自治区政府一直很重视与越南沿边地区的开发开放,在广西"十二五"规划中,着力强调推进凭祥—同登、东兴—芒街和龙邦—茶岭跨境经济合作区的进一步建设,进一步加快规划明确凭祥—同登、东兴—芒街和龙邦—茶岭跨境经济合作区的选址、经济合作范围、功能定位、管理模式、平台建设和优惠政策等。我国政府也对中越两国沿边地区的开发开放给予大力支持,2013年10月,中国国务院总理李克强在访问越南期间,中越两国相关部门签订了《关于建设跨境经济合作区的谅解备忘录》,明确支持中越两国沿边地区在有条件的地区合作建设跨境经济合作区。这一备忘录为我国广西、云南同越南沿边地区积极建设跨境经济合作区提供了有效的政策保障。

(2)云南—越南沿边经贸合作。

2006年,泛亚铁路的构想得以落实。泛亚铁路东线贯穿云南和越南两地,该铁路的建成大大便利了滇越沿边地区的大额边境贸易,大大降低了贸易成本,极大地促进了云南的经济发展,对其开拓东南亚市场意义重大。2007年,在越南海防召开第三次中国云南与越南河内—老街—海防—广宁经济合作协商会议。在这次会议上,与会方一致提出加快建设昆明—河内经济走廊,并共同研究将河内—老街和河内—谅山的两条铁路改造成中越两国沿边地区可以顺利通车的准轨铁路,为中越两国沿边地区扩大贸易、进行产业链对接奠定了基础。2011年11月,中国有关部门充分考虑到云南地处我国西南边境的独特的地理位置,出台了《关于支持云南省加快建设面向西南开放重要桥头堡的意见》。这一意见明确指出云南是"我国向西南开放的重要门户、沿边开发的试验区和西部地区实施'走出去'战略的先行区"。① 云南省各沿边地区积极响应国家政策,积极扩大云南与越南沿边的开发开放,加快口岸基础设施建设,加大与越南沿边地区的交流,为进一步发展滇越沿边经贸提供保障。这一意见具有十分重要的实践性意义。

---

① 国务院办公厅. 国务院关于支持云南省加快建设面向西南开放重要桥头堡的意见 [EB/OL]. http://www.gov.cn/zwgk/2011-11/03/content_ 1985444. htm, 2012-02-20.

(3) 中越沿边开发开放加速期。

2006年7月,首届环北部湾经济合作论坛在广西南宁举办。在这次论坛上,越南提出"两廊一圈"的规划,"两廊一圈"的建设将大大便利沿边居民的互市贸易,有利于加快中越沿边地区的开发开放。2009年金融危机爆发后,我国相关部门颁布了《关于应对国际金融危机保持西部地区经济平稳较快发展的意见》,该意见要求我国西部地区积极参与到大湄公河次区域经济合作和中亚区域经济合作中,要求我国滇桂两地加快广西凭祥综合保税区的建设,加快推进广西东兴和云南瑞丽的进一步对外开放,加强与越南沿边地区的经济技术开发开放合作利用。

我国十分重视沿边地区的城镇化发展和口岸经济的发展。2012年8月,我国出台相关政策,将广西东兴、云南瑞丽等地区作为中越两国沿边开发开放的先行区。在国家发改委编制的《西部大开发"十二五"规划》中,提出要在"十二五"期间加快重点口岸和边境城市的发展,加快建设跨境经济合作区,要充分利用边境独特的区位优势,带动整个沿边地区经济的活跃发展。该规划更提出了把广西建设成与东盟合作的新高地,以及把云南建设成向西南开放的重要桥头堡的构想。在国家发改委编制的《国家新型城镇化规划(2014~2020年)》中,提出重点建设11个面向东南亚的口岸城镇,具体有东兴、凭祥、宁明、龙州、大新、靖西、那坡、瑞丽、磨憨、畹町和河口。该规划明确指出,在建设面向东南亚的口岸城镇中,要配合建设边境贸易、金融服务、基础设施、交通物流等基础功能,实现口岸城镇最大效益的发展。

2013年1月,国家发改委和商务部等部门为加快我国沿边地区的开发开放,完善我国开放格局,振兴我国沿边偏远地区的经济发展,积极编制《沿边地区开发开放规划(2013~2020年)》,涉及我国广西和云南两地,对我国沿边地区的开发开放作了统一部署,涉及面更广,优惠力度更大,政策支持力度也更大。2013年10月,我国召开中央周边外交工作座谈会。这次会议提出了周边外交的战略目标:服从和服务于实现"两个一百年"奋斗目标,实现中华民族伟大复兴,全面发展与周边国家的关系,巩固睦邻友好,深化互利合作,维护和利用好我国发展的重要战略机遇期,维护国家主权、安全,发展利益,努力使周边同我国政治关系更加友好、经济纽带更加牢固、安全合作更加深化、人文联系更加紧密。① 周边外交工作的基本方针是:坚持与邻为善、以邻为伴,坚持睦邻、安邻、富邻,突出体现亲、诚、惠、容的理念。② 周边外交工作的总体布局是:着力深化互利共赢格局,着力推进区域安全合作,着力加强对周边国家的宣传工

---

① 阮宗泽. 打造中国周边外交升级版 [J]. 时事报告,2013.
② 钱彤. 为我国发展争取良好周边环境 推动我国发展更多惠及周边国家 [N]. 人民日报,2013-10-26.

作、公共外交、民间外交、人文交流，巩固和扩大我国同周边国家关系长远发展的社会和民意基础①②。这次座谈会提出：加快基础设施互联互通建设，积极筹建亚洲基础设施投资银行，建设好丝绸之路经济带、"21 世纪海上丝绸之路"，打造中国—东盟自由贸易区升级版，建设中国—东盟自由贸易区升级版，建设中国—东盟命运共同体等新构想。③ 2013 年 11 月，中国相关部门通过了《中共中央关于全面深化改革若干重大问题的决定》。该决定指出"加快沿边开放步伐，允许沿边重点口岸、边境城市、经济合作区在人员往来、加工物流、旅游等方面实行特殊方式和政策。建立开发性金融机构，加快同周边国家和区域基础设施互联互通建设，推进丝绸之路经济带、海上丝绸之路建设，形成全方位开放新格局"。这一重要战略指示正式提出推进丝绸之路经济带和海上丝绸之路的建设，简称"一带一路"，为中越两国沿边地区加快开发开放的步伐提供了理论依据和政策支持④⑤。2013 年，我国为更好地实现中越两国沿边的开发开放，中国人民银行等相关部门联合发布了《云南省、广西壮族自治区建设沿边金融综合改革试验区的总体方案》。沿边金融综合改革试验区主要包括广西壮族自治区的南宁市、北海市、防城港市、钦州市、百色市、崇左市和云南省的昆明市、红河州、保山市、文山县、西双版纳州、临沧市、普洱市、德宏州和怒江州。沿边金融综合改革试验区的建设有利于更好地实现中越两国沿边的进一步开发开放。2014 年，广西壮族自治区政府已出台《广西壮族自治区人民政府关于建设沿边金融综合改革试验区的实施意见》，正式全面启动沿边金融综合改革试验区的建设。

3.2 中越沿边开发开放经济带建设现状

3.2.1 沿边基础设施互联互通推进现状

在现代社会，基础设施对经济发展意义重大，一方面，经济越发达，越向前发展，对基础设施的要求也就越高；另一方面，经济越向前发展，先进完备的基

---

① 外交工作要服务于国际国内两个大局 [J]. 中国党政干部论坛，2013（11）.
② 黄志勇. 沿边开放新良机与桂台合作新空间 [J]. 东南亚纵横，2014.
③ 习近平在周边外交工作座谈会上发表重要讲话，强调为我国发展争取良好周边环境，使我国发展更多惠及周边国家 [J]. 新华日电讯，2013.
④ 黄志勇. 沿边开放新良机与桂台合作新空间 [J]. 东南亚纵横，2014（4）：36 – 40.
⑤ 中共中央关于全面深化改革若干重大问题的决定 [EB/OL]. 中国共产党新闻网，http：//cpc. people. com. cn/n/2013/1115/c164113 – 23559176. html，2013 – 11 – 15.

础设施会促进经济的发展，但是落后的基础设施则会阻碍经济的发展，增加经济发展成本，给经济带来不利影响。随着中越两国沿边地区的不断开发开放，沿边基础设施的互联互通建设也是大势所趋。

3.2.1.1 交通设施日趋完备

2000年，我国实施西部大开发战略，开始注重西部地区的经济发展问题。国家提出"要致富，先修路"的口号，积极改善西部地区的交通道路设施状况。我国广西、云南两地在这一时期也受到国家优惠政策的照顾，交通基础设施得到大力发展。2007年，在越南海防举行第三次中国云南与越南河内—老街—海防—广宁经济合作协商会议。在这次会议上，与会方一致提出加快建设昆明—河内经济走廊，并共同研究将河内—老街和河内—谅山的两条铁路改造成中越两国沿边地区可以顺利通车的准轨铁路，为中越两国沿边地区扩大贸易、进行产业链对接奠定了基础。2011年10月，中越两国共同签订了《中华人民共和国政府和越南社会主义共和国政府关于修改中越两国政府汽车运输协定的议定书》和《中华人民共和国政府和越南社会主义共和国政府关于实施中越两国政府汽车运输协定的议定书》（以下简称《议定书》）。《议定书》提出允许有行车许可证的车辆在中越两国间进行点对点的运输，这个提议首次将中越两国沿边的互联互通的合作范围扩大到中越两国的非边境地区。《议定书》同时还允许中越两国公务车的往来，同时还新增中国广西南宁至越南河内、中国广西南宁至越南海防、中国广西桂林至越南河内、中国广西崇左至越南下龙等10多条客货运输专线。铁路建设投资长、见效慢、回报慢，同时中越两国还存在历史上两国铁路轨道建设不同的障碍。因而，我国十分重视沿边地区公路的建设。

自"十五"计划起，云南省为改革省内经济，提高沿边居民生活水平，越来越重视与越南边境地区的开发开放，颁布实施了以"兴边富民行动"等为代表的一系列改善沿边基础设施建设等政策规划。目前，云南—越南沿边地带的公路网已经较为完备。中越两国云南昆河公路，原称滇越公路，自昆明起，至越南河口，沿途经过宜良、石林、弥勒、新哨、开远、蒙自和屏边，云南昆河公路全长453公里，是我国云南南部重要的公路干线，亦是我国云南沿边地区通往越南的重要通道。昆明—船头—海防港沿线公路，沿途经过路南、弥勒、平远街、文山、麻栗坡到云南省口岸所在地船头，从船头接越南的河江、宣光、瑞雅、月池、河内，此沿线公路全长904公里。昆明—河口—海防港沿线公路，沿途经过路南、新哨、开远、蒙自、屏边、海口、河口，再从国家及口岸河口接越南的老街、保安、安平、瑞雄，此沿线公路全长923公里。昆明—个旧—那发—海防沿线公路，沿途经过路南—弥勒—开远—个旧—蛮耗、金平至云南省省级口岸那发，从那发口岸接越南巴丹、莱州、山罗、娄诈、和平和河内，此沿线公路全长

1170 公里。昆明—建水—那发—海防沿线公路,沿途经过普城、江川、通海、建水、阿土、蛮耗、金平,至云南省省级口岸那发,从那发口岸接越南巴丹、莱州、山罗、娄诈、和平和河内,此沿线公路全长 1156 公里。

2000 年以来,广西壮族自治区政府实施边境建设大会战,在这次会战中,广西壮族自治区政府十分重视基础设施的建设,着重建设广西与越南的沿边公路网。目前广西壮族自治区已基本形成较为完善的沿边公路网,连接周边省市和越南边境的公路网已经基本建成,总通车里程达 4000 多公里。那坡—平孟公路,沿途经过德隆、百合、北斗,这条公路在平孟关口接越南高平省朔江口岸,广西境内全长 79 公里。田阳—龙邦公路,沿途经过隆桑、足荣、都安、新圩、新靖、旧州、地州、昌平,这条公路在龙邦关口接越南高平省茶岭县,广西境内全长 91 公里。靖西—岳圩公路,沿途经过化峒,在岳圩关口接越南高平市,广西境内全长 50 公里。大新—硕龙公路,其中一条公路省道 20315 线,改线与国道 324 线相接,通往越南高平市。南宁—友谊关公路,沿途经过扶绥、崇左、宁明,在凭祥市的友谊关口通往越南同登,南宁—友谊关公路长 248 公里。龙州—科甲公路,沿途经过上龙、板化,在科甲关口通往越南高平省下琅县秘河口岸,全长 34 公里。崇左—水口关公路,沿途经过龙州县的响水、叫堪,在水口关通往越南高平省广和县驼隆口岸,全长 135 公里。凭祥—弄尧公路在中越边境桂越东路 16 号界碑处接越南同登,全长 18 公里,但这条公路双方汽车不过境。卡凤—浦寨公路,在中越边界桂越段东路 15 号界碑处接越南同登,全长 5.4 公里。上石—油隘公路,沿途经过江屯、板蒙,在桂越东路 23 号界碑处出境接越南文朗县,全长 16 公里。宁明—爱店公路,沿途经过寨安、峙浪,在爱店关口接越南禄平县峙马口岸,全长 58 公里。北江—板烂公路,从宁明北江桥头起,沿途经过那楠、桐绵道板烂,向南在中越边界桂越东路 54 号界碑接越南立县波行,全长 83 公里。马路—峒中公路,该公路从东兴市马路镇起,沿途经过那良、那峒、板八至峒中关口,通往越南平辽县横模口岸,全长 68 公里。

2013 年,我国提出"一带一路"的战略,即丝绸之路经济带和海上丝绸之路,这一战略进一步推动了我国中越沿边跨境交通基础设施的建设。同时,泛亚铁路和"两廊一圈"的继续推进,都是中越两国沿边基础设施实现质的飞跃的助推器。

2014 年,广西壮族自治区政府为进一步加深与越南的路上往来合作,着力加快推进"两高、两铁、两桥"互联互通项目的建设。① "两高"指"中国凭祥—越南河内"和"中国东兴—越南芒街—下龙—河内"高速公路;"两铁"指

---

① 王军伟. 广西将加快与东盟"两高两铁两桥"互联互通 [J]. 新华每日电讯, 2014.

"中国南宁—凭祥—越南同登—河内"和"中国防城港—东兴—越南芒街—下龙—海防—河内"铁路;"两桥"指"中越北仑河二桥"和"水口二桥"。这一项目的建成,将大大加快广西与越南的互联互通,扩大广西与越南两地沿边地区的经济合作范围。

3.2.1.2 口岸建设日趋完善

贸易便利化不仅需要完备的交通运输系统,而且需要快速便捷的通关体系。口岸建设也显得至关重要。中越两国都投入大量的人力、物力和财力,共同建设边境口岸体系。目前,中越两国沿边已建成十多个国家级口岸,口岸都配套建设相应的物流园等,丰富了口岸的功能性。不仅如此,中越两国沿边还积极配合口岸往来经贸的需求,简化通关手续,加快通关便利性,例如2006年,云南昆明海关试行的"属地申报,口岸验放"的通关模式。口岸的建设不仅有利于中越两国沿边地区的开发开放,也对我国沿边地区经济的发展带来极大的促进作用,有利于我国沿边地区的城镇化发展。

3.2.1.3 中越语言文化交流日趋顺畅

在中越两国开发开放初期,因语言不通,文化差异大,两国居民边民互市的积极性较弱。"熟人效应"亦对中越沿边的经济发展有着重要的影响。由此,中越两国,尤其是沿边地区开始加强对语言和文化沟通的重视。相关数据表明,越南学习汉语的人数呈逐年递增的趋势,同时,我国与越南交界的广西和云南地区学习越南语的人数也不断增加,逐步改善了语言不通的困境。目前,中越两国也多次举办了包括"中越友好之约"、"中越大联欢"、"汉语桥"等一系列具有代表性的活动,增加中越两国尤其是沿边人民的文化沟通,增进两国尤其是沿边人民之间的相互了解。

3.2.2 沿边产业经济扶持发展现状

中越两国沿边产业经济的发展,主要表现为边贸额度的不断增加和边贸范围的不断扩大。

3.2.2.1 边贸额度不断增加

自2000年中国和东盟十国构想成立一个自由贸易区以来,成员国都积极响应自由贸易区的规划,实现边境贸易中部分商品降税直至零关税。根据国家的相关优惠政策,中越沿边的广西、云南政府也积极推动与越南的贸易往来,中越沿边贸易额呈稳步发展态势。与此同时,越南经济发展相对落后于中国,国内工业发展较落后,越南本国短时间内无法满足经济发展所需要的一些机械设备和化工

---

① 黄志勇. 沿边开放新良机与桂台合作新空间 [J]. 东南亚纵横, 2014 (4): 36-40.

设备等，因此，有极大的需求，从而从中国大量进口。而中国从越南进口的商品主要为农产品、生活用品以及一些加工制造所需要的原材料，中国从越南进口商品的附加值也较低。鉴于中越两国经济发展程度和经济结构的差异性，中越之间的贸易一直处于顺差状态，以 2013 年为例，中越之间的顺差额就达到了 179.72 亿美元。中国是越南的最大进口国和第三大出口国，中越两国边境贸易的重要性显而易见。

边境贸易主要包括边民互市和边境小额贸易两种形式。表 3-1 给出了我国广西、云南两省区 2013 年小额贸易额及增长率。

表 3-1　2013 年我国主要省区小额贸易量及增长率

单位：亿美元、%

省区	进出口总量		小额贸易进出口		小额贸易出口		小额贸易进口	
	总额	增长率	总额	增长率	总额	增长率	总额	增长率
广西	328.4	11.4	115.1	37.9	104.7	44.5	10.4	-5.8
云南	258.3	22.9	33.3	55.1	18.5	32.4	14.9	97.1

资料来源：根据 2013 年广西、云南的海关统计数据整理。

3.2.2.2　边贸范围不断扩大

2000 年，中国加入世界贸易组织，2006 年，越南加入世界贸易组织。中越两国相继成功加入世界贸易组织，极大地促进了两国国内经济的开放发展。2007 年，中国—东盟各国开始实施《服务贸易协议》，中国—东盟各国在世界贸易组织的承诺的基础上，给予更大的开放和优惠。中国方面承诺放宽出入境旅游、城市规划、医疗、会计、工程、摄影、计算机等多个领域的市场准入限制，允许东盟国家在我国放宽的条件范围内开设独资或者合资企业。越南方面承诺放宽出入境旅游、商务服务、体育服务、通信建设、建筑、运输、金融、环境等相关领域的准入限制，允许中国和其他东盟国家在越南放宽的条件范围内开设独资或者合资企业，放宽股权限制。

3.2.2.3　边贸形式多样化

随着中越两国的不断开发开放，边境贸易的形式也逐渐多样化。中越两国沿边贸易由最初的边民互市，逐步扩大发展到边境小额贸易，如今在政策放宽的条件下，更相互投资设立独资或者合资企业。目前，广西、云南两省区也加快了与越南沿边相互投资、相互服务贸易、相互技术扶持的发展。但是桂越边贸中，边民互市的比重较大；而滇越边贸中，边境小额贸易的比重较大。

3.2.2.4　边贸主体多样化

在中越两国沿边地区，最初的边贸形式就是边民以物易物。现今，逐步发展到个人、集体和国有单位三个不同层次的主体的构成。在中方贸易经营者中，个体商人仍占大多数，这其中包括个体商业者、农民、工人等；一些国有单位和地方政府机构等也参与到中越沿边的贸易中。在越方贸易经营者中，由于经济发展较为落后，仍以个体商人、工人、农民和小部分的集体经营者为主。

3.2.2.5 边贸结算方式规范化

中越两国沿边地区的贸易从最初的以货易货，逐步发展到现在的现金结算，目前，中越两国沿边的贸易90%以人民币结算为主。中越两国的沿边贸易允许使用人民币、越南盾等多种计价、结算方式，并允许自由兑换货币。但由于历史因素，中越两国边境政策的不稳定性，中越两国的边境贸易仍以独有的地摊银行为主要的结算方式。地摊银行类似于国内的地下钱庄，不过地摊银行主要是在中越两国边境地区贸易发达的地点或者口岸专门从事货币兑换等一系列业务的非官方性的个人或者组织。2010年国家下发《关于边境地区一般贸易和边境小额贸易出口货物以人民币结算准予退（免）税试点的通知》，鼓励中越两国边境地区从事贸易的个人或者企业通过正式的商业银行来进行人民币和越南盾的兑换以及转账等业务。这一政策旨在逐步引导中越两国边境地区贸易的更加规范化，有利于中越两国沿边贸易的长期有序健康发展。

3.2.3 沿边经济发展和管理模式

3.2.3.1 边境贸易

中越两国沿边的开发开放以边境贸易为主。边境贸易主要是存在于两国相邻边界之间的一种经济往来合作的贸易形式。边境贸易主要分为边民互市和边境小额贸易两种形式。中越两国边境贸易发展的状态受两国政策影响显著。一方面，越南国内政局的动荡性，给中方参与贸易的个人或者集体带来很大的风险性；另一方面，我国以及广西、云南两地对越贸易的不同优惠政策亦对参与中越两国沿边贸易带来较大的波动性。

随着中越两国沿边地区开发开放的不断推进，目前两国沿边地区的边境贸易形式也日益丰富。除常见的边民互市、以物易物、边境小额贸易等形式外，新的边境贸易形式也不断涌现，例如跨境投资合作、边境地方政府贸易、承包工程、劳务合作等。相关数据表明，尤其是在2008年金融危机爆发后，我国边境贸易的增速逐步赶上甚至超过了我国国际贸易的增速。中越两国沿边地区贸易发展增速，开发开放程度不断增大。

3.2.3.2 跨境旅游

中越两国沿边地区位于东南亚气候带，景观独特、地形奇特，是喀斯特地貌的主要分布地带；亦是壮族、瑶族、苗族等少数民族集聚地，风土人情文化丰富，具有较大的旅游市场。"以边贸带动旅游，以旅游促进边贸"是中越两国合作发展旅游项目的重要思想。跨国游和边境游是中越边境带动经济发展的重要项目。跨国游和边境游一方面是前来旅游者在旅途中消费带来的即时收益，另一方面，跨国游和边境游异于国内游，存在跨国手续、语言不通、环境不熟、国别差异带来的文化沟通障碍等因素，这就需要中越两国边境地区在发展跨国游和边境游时通力合作。中越两国边境地区可联手建设旅游基础设施，开旅行社，开发旅游产品，规划旅游线路，搭建跨境旅游平台，创新跨境旅游文化产品等。

广西与越南边境的旅游合作区主要有三个：一是"德天—版约跨国瀑布"为主题的旅游线路，欣赏以岩溶地貌为代表的喀斯特地貌和特有的岩溶瀑布。二是以"友谊关"为主题的旅游线路，了解中越沿边历史文化和沿边早期风土人情，欣赏花山崖画等历史古迹。三是以"南海丝路"为主题的旅游线路，该线路以滨海风光为主，主要包括北海银滩、涠洲岛、防城港金滩和越南下龙湾等海滩、岛屿和海上石林风光。

为推进西南地区的经济发展，推进云南沿边地区的对外开发开放，2009 年，我国相关部门提出将我国云南建设成我国向西南开放的桥头堡。该一提议被称为"桥头堡战略"。在"桥头堡战略"的推动下，云南充分利用政策扶持和自身的自然禀赋，大力发展边境旅游。目前已形成云南麻栗坡到越南河江、云南河口到越南沙巴和云南河口到越南广宁三条滇越边境旅游线路。

3.2.3.3 垂直一体化模式

垂直一体化模式是指在中越两国沿边地区设置共同的跨境经济合作区，以两国贸易合作双方的产业梯度差异性为依据，以产业链延伸为合作的主要方式，通过地域性的产业链集聚来加快实现产业内贸易的迅速扩张的一种沿边区域经济合作模式。垂直一体化模式共有进口加工区模式和出口加工区模式两种。这二者是相对而言的，即在沿边区域经济合作中，我国的进口加工亦是对方国的出口加工，而我国的出口加工则亦是对方国的进口加工。在中越两国沿边的经济贸易合作中，我国经济发展程度高于越南，因而越南处于产业链的上游，而我国处于产业链的下游。在经济贸易合作中，产业链的上下游也是相互依存的，没有产业链上游原材料等基础产品的供应，就没有产业链下游制成品的供应。上游产业链主要是提供原材料等初级产品，下游产业链主要是对上游产业链提供的初级产品进行深加工，或者进行相应的技术研发等。在中越两国沿边地区设置的跨境经济合作区便是垂直一体化模式应用的产物。中越两国沿边地区设置的跨境经济合作区，充分整合中越两国不同的产业链，吸引中越两国的制造加工企业在合作区进行投资，减少原料和制成品远距离运输的成本，降低交易成本，投资企业透明化，降低交易风险。中国河口—越南老街跨境经济合作区便是采用垂直一体化的管理经营模式。

3.2.3.4 垂直一体化和横向一体化结合模式

横向一体化模式是指在两国沿边地区已建立的跨境经济合作区中，进行转口贸易等简单形式的一种合作区模式。该模式存在于产业梯度小、合作潜力小的两国边境地区，为充分发挥重要的地理位置、充分应用区位优势而形成的。

在中越两国沿边地区的跨境经济合作区中，垂直一体化和横向一体化的结合模式占主要部分。这种模式是指两国沿边地区既存在产业梯度，能够发展垂直一体化的产业链延伸，又具备良好的地理位置，适合发展横向一体化的转出口贸易。中越两国由于经济发展程度不同，经济发展所属时期不同，存在较大的产业梯度，我国从越南进口的产品以农产品和生活用品等基础品为主，而越南从我国进口的产品以机械产品、化工产品等制成品为主，两国存在经贸合作上的产业梯度，可以延伸发展产业链；同时，中越两国沿边地区地理位置较好，交通完善，口岸较多，属于泛亚铁路和"一带一路"的战略范围。因此，中越两国延边地区适合发展这种垂直一体化和横向一体化的结合模式。例如中越两国延边地区的中国河口—越南老街跨境经济合作区、中国东兴—越南芒街跨境经济合作区、中国凭祥—越南同登跨境经济合作区都比较适合推进这种垂直一体化和横向一体化的结合模式。

3.2.4 沿边经济发展载体和平台建设现状

3.2.4.1 边民互市点

自中越沿边地区开始进行开发开放时，边民互市点就扮演着极其重要的角色。中越沿边地区的开发开放是一个循序渐进的过程，在开发初期，存在两国边民文化、语言等一系列不确定性因素，便采取边民互市这种小范围贸易的方式。目前，桂越沿边地区已经形成26余个边民互市点，滇越沿边地区也形成了20多个边民互市点。边民互市点是中越沿边地区最早进行边境贸易的主要形式。

3.2.4.2 口岸经济

随着中越两国沿边地区开发开放程度的不断推进，边民互市点已经不能满足较大额的边境贸易了，因而两国边境地区逐步建设边境贸易中需要的口岸等，以发展口岸经济。口岸是中越两国沿边地区发展经济的重要平台。一个完整的口岸经济区，应包括贸易区、物流区、货物出入口岸、保税区、加工区等功能区，以及一些其他必要的水、电、土地、劳动力等要素。中越两国沿边地区目前已建成十余个国家级口岸，形成较为完整的边境口岸贸易系统。目前，桂越沿边地区有凭祥口岸、东兴口岸、友谊关口岸、龙邦口岸、水口岸和平孟口岸6个国家一类边境口岸，有爱店口岸、峒中口岸、岳圩口岸、硕龙口岸、平而口岸、科甲口岸6个国家二类边境口岸；滇越沿边地区有金水河、河口、天保3个国家一类边境口岸，有麻栗坡、都龙2个国家二类边境口岸。桂越沿边地区的口岸，除东兴口岸、凭祥口岸等口岸开发较早、基础设施较为完备外，其余口岸开发尚且不足，一些配套基础设施也较为落后，缺乏良好的物流园和大型的仓储环境，口岸功能仍待加强，口岸开放程度仍待继续建设。中越两国沿边互惠政策不断推进，口岸经济发展态势较好，不断推动大型边境贸易的发展，也推动了沿边旅游的发展。

3.2.4.3 跨境经济合作区

跨境经济合作区是指在边境地区，各相互接壤的国家或地区在形成合作共事的前提下，彼此在法律约束下，按照一定合作方案共同划出相应面积的接壤土地，形成的执行特殊经济监管和共同认可的经济政策的区域。① 在中越两国沿边地区口岸的基础上，2005年，中越两国沿边地区提出构建跨境经济合作区的构想，以进一步拓宽口岸的功能，规范沿边边民互市贸易点。跨境经济合作区是一种全新的对外开放模式，集投资、贸易、物流等功能于一体，享受中越两国沿边地区不同的投资、贸易等方面的优惠政策。

2007年，广西和越南相关地区便签订了与跨境经济合作区有关的规划，该规划拟建设中国凭祥—越南同登跨境经济合作区、中国东兴—越南芒街跨境经济合作区和中国龙邦—越南茶岭跨境经济合作区。②

（1）中国凭祥—越南同登跨境经济合作区。

中国凭祥—越南同登跨境经济合作区的建设相当成功。凭祥友谊关口岸是目前广西与越南通关效率最高的口岸；弄怀（浦寨）贸易区是中越沿边贸易线上最大的贸易区；广西凭祥综合保税区是我国中越沿边地区设立的第一个综合保税区；凭祥万通物流园是西南地区最大的物流园。

2008年，我国国务院批准设立广西凭祥综合保税区，作为中越两国沿边地区跨境经济合作区的先行试验。广西凭祥综合保税区具有保税物流、保税加工、口岸作业和管理服务四个功能，于2011年9月正式封关运营。凭祥万通物流园总占地2000亩左右，是西南地区最大的物流园，其物流网络遍布中越沿边地区。

（2）中国东兴—越南芒街跨境经济合作区。

2010年9月，我国广西壮族自治区政府与越南沿边地区广宁省人民委员会签订了《共同推进建立中国广西东兴—越南广宁省芒街跨境经济合作区协议》。③该协议规划在中国东兴—越南芒街跨境经济合作区内建设口岸综合服务区、互市贸易区、综合保税区、国际商贸区等不同的功能区。中国广西东兴和越南广宁芒

---

① 焦成举. 走进中越跨境（广西）经济合作区［J］. 广西经济，2009（1）：29，37.
② http：//www.chinanews.com/gn/2013/09-04/5246661.shtml.
③ http：//www.dxzf.gov.cn/syqjs/bsfwjg_417/201305/t20130508_9147.html.

街都是中越沿边发展较快的边境口岸城市，两地都处于中国—东盟自由贸易区和中越"两廊一圈"的海陆交汇处，区位优势突出。东兴亦是我国沿边地区的三大国家级重点开发开放试验区之一。目前该跨境经济合作区处于火热建设中。

（3）中国龙邦—越南茶岭跨境经济合作区。

2011年中越两国沿边地区拟建设中国龙邦—越南茶岭跨境经济合作区，规划建设总面积8平方公里，其功能定位为：区域进出口加工中心、区域物流仓储中心、区域商贸服务中心，具备矿产品及日用轻工业商品加工、物流中转、商贸旅游等功能。其建设目标：一是建立区域进出口加工中心，即大力开展矿产资源加工业，轻纺、机械设备组装等日用生产、生活用品加工业，有色金属产品深加工业，农林产品深加工业，原生中草药加工业①；二是建立区域物流集散中心，即发挥区位优势，依托日益完善的高速公路、铁路、航运、航空等交通运输体系，畅通西南地区通往越南及东南亚各国的国际陆路大通道，建设成为我国西南地区与越南及东盟各国的物流中转枢纽和集散中心；三是建立区域商贸服务中心，即大力发展金融、信息、餐饮住宿、会议、培训等相关服务业，建设跨境旅游的旅客中转中心②。

2013年，在中越双方有关中国龙邦—越南茶岭跨境经济合作区的可行性报告研究中，计划开通客货运输线路和跨境旅游线路。目前，该跨境经济合作区的相关功能区的基础设施仍在加紧建设中。

（4）中国红河—越南老街跨境经济合作区。

随着边境地区边贸的不断发展，滇越沿边地区现有的基础设施和贸易条件已经无法满足边贸和产业链的发展。2005年6月，滇越沿边地区的相关部门签订了《中国红河—越南老街经济合作区方案》，初步确立建设跨境经济合作区的想法，以发挥滇越沿边地区的区位优势，实现边境贸易、经济技术合作和人文交流等方面的进一步开发开放。中国红河—越南老街跨境经济合作区的建设和昆河经济带相互呼应，可以实现资源优势互补，发展具有"比较优势"的产业。自中国红河—越南老街跨境经济合作区建设以来，滇越沿边地区的贸易额和贸易商品种类都呈上升趋势，有效辐射沿边经济。

3.2.4.4 金融综合改革试验区

中越沿边地区的开发开放程度不断扩大，对沿边地区的基础设施要求的范围也会越来越大，现今，基本的金融平台已经不能满足边境贸易的日益发展，同时，为规范中越沿边地区贸易的交易，我国正建设面向东盟的金融综合改革试验

---

① 吴坚. 中越跨境经济合作区建设与台商机遇 [J]. 东南亚纵横，2014（4）：3-6.
② 周明钧. 积极推进中国龙邦—越南茶岭跨境经济合作区建设的思考 [J]. 东南亚纵横，2014（5）：18-22.

区。2013年11月，我国相关部门联合发布了《云南省广西壮族自治区建设沿边金融综合改革试验区总体方案》，旨在推进中越两国沿边金融、跨境金融和地方金融改革的协同发展，促进人民币的区域化，提高云南广西两省区与越南边贸的便利化水平，进一步推进中越两国沿边的开发开放。滇桂沿边金融综合改革试验区的范围包括广西壮族自治区的南宁市、钦州市、北海市、防城港市、百色市和崇左市和云南省的昆明市、保山市、普洱市、临沧市、红河州、文山州、西双版纳州、德宏州和怒江州。目前，滇桂两地正抓住机遇，积极配合建设滇桂沿边金融综合改革试验区。这是我国第一个跨省区的沿边金融综合改革试验区。滇桂沿边金融综合改革试验区的建成将不仅仅是我国推进中越沿边开发开放的重要方式，更是推动人民币国际化的一大步，具有重要的战略意义。

3.2.4.5 中国—东盟自由贸易区

随着中国—东盟自由贸易区的建设成立，中越两国沿边地区的开发开放取得前所未有的突破，中国—东盟自由贸易区内实现了大范围商品的全面减免税，为滇桂两地的经济发展带来了强劲的动力。

目前，为推进中国—东盟经济的更进一步发展，各国正在倾力打造一个升级版的中国—东盟自由贸易区。滇桂两地也根据自身需求，充分发挥自身优势，积极融入到升级版的中国—东盟自由贸易区的建设中，加快自身经济的发展。

3.2.5 沿边经济发展政策建设完善现状

3.2.5.1 边贸政策优惠力度不断加强

随着中越两国沿边地区开发开放的不断推进，我国针对沿边地区边贸的优惠力度也不断加强。

2009年，为响应国家的政策，广西区政府出台了《关于促进广西北部湾经济区开放开发的若干政策规定》，该规定分别详细地列出了一系列有关产业扶持、财税支持、土地使用支持、金融支持、外经贸发展、人力资源和科技开发以及优化投资环境等方面的扶持政策。云南省也积极制定了《加快推进边境经济合作区建设若干意见》，要求边境经济合作区积极吸引国内外投资，同时将外资项目审批权、部分环评审批权等权力下放至跨境经济合作区，并推出15项扶持政策。

2010年是西部大开发战略实施的十周年，国务院颁布的《中共中央、国务院关于深入实施西部大开发战略的若干意见》中，给予滇桂等西部地区很大的政策扶持。

2013年1月，国家发改委和商务部等部门积极编制《沿边地区开发开放规划（2013~2020）》，以完善我国开放格局，振兴我国沿边偏远地区的经济发展。该规划涉及我国广西和云南两地，对我国沿边地区的开发开放作了统一部署，涉及面更广，优惠力度更大，政策支持力度也更大。

在中国—东盟自由贸易区建立以来，中越两国已实现大范围商品的减免税。边贸优惠政策完善，且统一划分，中越沿边贸易中的商品都依据海关税则，征收全国统一的边贸关税税率，公平、公正。

3.2.5.2　金融改革制度完善

随着我国对外开放的不断推进，美元兑换的弊端逐渐显露，人民币跨境使用的需求日益突出，中越沿边地区人民币的区域化是我国实现人民币国际化的先行试验区，意义重大。

自1993年起，中越两国便签订了《关于结算与合作的协定》，鼓励中越沿边地区的互市贸易者使用人民币进行结算。目前，广西与越南沿边地区的边境中90%以上的结算都使用人民币。自中国—东盟自由贸易区建成以来，滇桂两地积极主动融入面向东盟的开放合作中，不断增大人民币使用的范围和额度。2013年11月，中国人民银行等部门颁布了《云南省广西壮族自治区建设沿边金融综合改革试验区总体方案》，着重强调中越沿边金融改革中金融创新的重要性。

3.2.5.3　法制建设逐步加强

我国自加入世界贸易组织后，积极跟随国际步伐，特别重视边贸地区的法制建设。我国已经制定相应的《边贸法》等条例，使我国广西、云南在与越南进行边境贸易时有法可依，有利于相关参与边贸的企业依法经营。

3.3　中越沿边开发开放经济带建设存在的主要问题

3.3.1　重复投资

在中越沿边地带，我国建设了一系列重要平台，如中国—东盟自由贸易区、中越沿边跨境经济合作区、沿边产业承接带以及沿边口岸建设等。中越沿边的这些平台在功能上存在重叠性，没有形成互补的平台群。不同的平台或者口岸等隶属于不同的行政区划，因而每个行政区划范围内都具有相似功能的平台或者口岸，这种功能的相似性又未形成互补，导致整合平台或者口岸建设的经济效益不高，因而存在重复投资的现象。在我国后续政策导向下兴建的一些其他新的项目和规划又重新另起炉灶，而没有在现有平台和口岸的基础上进行深入的建设，这种重复的简单建设，既缺乏技术含量，又缺乏整体布局效应。总之，重复投资现象在中越沿边地区较为明显，经济效益较低，投入产出比低。

3.3.2 沿边口岸和基础设施建设滞后

3.3.2.1 口岸建设落后

20世纪80年代至90年代初,我国掀起了边境开放的热潮,因而沿边口岸建设较多,但是有限的资金投入使得建设分散、规模较小、口岸间联系较低、配套设施落后,不能实现"一站式"通关,便利程度低。另外,纷杂的口岸之间也形成了相互竞争,这种同质无序的恶性竞争,严重影响了边境口岸的规模效应,进一步限制了口岸后续的发展和建设。每个口岸规模较小,无法形成产业链式的协同发展,每个边境口岸都缺乏生产性功能,对当地经济的实际贡献较低。

广西、云南两省区处于我国西南地带,经济条件相对于东部地区较差,虽然我国广西、云南两省区已经十分重视相关口岸的建设,但现有的口岸和基础设施仍不能满足中越沿边贸易的需求,是制约我国滇越沿边地区口岸经济发展的主要瓶颈。随着中越两国沿边地区的不断开发开放,现代口岸已经不单单具有通关的作用,还必须具备仓储、物流等配套功能。滇越沿边口岸基础设施较薄弱,设施不配套,设施年限较久,设备已老化、过时;口岸通关手续繁杂,速度慢,通关能力较弱;境内外交通不便,通关速度慢、效率低。在滇桂两地的口岸目前建设状况中,除了东兴、友谊关等口岸的基础设施建设相对较好以外,其他的中越边境口岸建设都不尽理想。

3.3.2.2 交通、物流等配套设施落后

中越沿边地区交通设施落后,公路密度小,公路等级较低,通车难,难以满足大额边贸的需求。据不完全统计,我国中越沿边至今仍有约30%的口岸没有公路连接,而部分地区和口岸虽然有边贸公路,但是仍有一半左右的公路存在等级低、路况差等问题。口岸配套的基础设施建设较为落后,很多口岸配套的物流和仓储基地都较小,无法满足日常边贸的需求,甚至部分口岸没有配套的仓储和物流基地。这些配套设施的缺乏严重影响了口岸整体效应的发挥,也远远跟不上中越两国沿边贸易的快速发展。①

在中越两国沿边贸易中,口岸和周边物流、仓储等大型基础设施的建设至关重要,但是水、电、通信等基础设施也不容忽视。口岸只有在物流、仓储等基础设施完备的情况下,并保障水、电、通信等设施的完善,才能发挥口岸的最大效用,促进中越两国沿边进一步的开发开放。而目前滇桂两地沿边口岸进出口贸易中商品结构较低,附加值低,物流园规模小,物流企业数量少,严重制约着边境口岸物流业和边境贸易的扩大发展。

---

① 关于广西边境地区口岸建设的调研 [J]. 中国党政干部论坛, 2006 (6): 1-3.

3.3.3 产业经济规模不大，竞争能力不强

3.3.3.1 边贸结构单一

中越两国沿边贸易中，贸易品种较单一。我国向越南进口的商品集中在农产品、生活用品等初级产品上，附加值低，科技含量低。越南从我国进口的商品也集中在电子、机械、纺织和化工等产品上。中越两国进出口贸易中，仍以初级产品为主，附加值低，利润较低。这种边贸产品的现状制约了中越沿边贸易中的商品在进行远距离运输后在市场中的竞争力。在中越边境贸易中，我国处于贸易顺差地位，越南处于贸易逆差地位，且随着贸易的发展，这种差额有放大的趋势。这种单一的贸易结构状态，产业经济竞争力弱，长此以往，不利于中越两国长期的开发开放。中越两国应减少贸易差额，拓宽经济合作发展领域，调整产业结构，丰富边境贸易结构。

随着中越沿边对外开发开放的不断推进，贸易品种的需求也在逐步增加，中越双方的市场需求量都在不断增大，但是限于中越两地沿边地区较落后的边贸发展现状，各种基础设施的不完善，政策落地的实效性等因素，中越两国边境地区的现状也难以满足边贸的需求。我国只有在强调各种口岸、平台建设的同时，重视国内沿边地区投资环境的建设才能吸引附加值高的产业链的入驻发展，才能推动中越边境地区经济的长期可持续发展。

3.3.3.2 边贸结构不合理

中越两国沿边贸易中，边贸结构不合理，贸易结构单一。中越两国沿边贸易中，服务贸易和加工贸易的比重较低，远远落后于货物贸易的发展，且货物贸易对内地市场的依赖性强。这种纯粹的"过境贸易"，只进行过境和转运，未进行产品的深加工，附加值低，经济效益低，周期长，沿边建设的成本收回周期长，局限性大，不利于中越沿边地区的进一步开发开放。

在中越沿边的边境贸易中，边境城市的产业结构为"三、二、一"型，即第三产业占了较大的比重，但这并不是中越沿边经济发达的表现，而是由于中越沿边地区缺乏第一、第二产业这种实体经济的发展。因而，中越沿边地区的这种产业结构易受外部影响，较脆弱。例如，在2005年的凭祥市三次产业比中，其"三、二、一"的比重达69.5∶15.8∶14.7，这种水平已达到欧美发达资本主义国家的三次产业的比重。这种比重主要也是缘于口岸的边境贸易，并没有形成支柱性产业，经济缺乏持续稳定发展的动力。

在中越两国沿边贸易中，从事边境贸易的主体多为个人，自2000年中国加入世贸组织后，集体和国有单位才逐步加入到中越两国的沿边贸易中。但是从事沿边贸易的企业规模仍旧偏小，经营缺乏组织性，只注重眼前利益，忽视企业和

边贸的长期发展,难以形成规模效应,在边贸中竞争性较弱,不利于中越两国沿边贸易的长远发展。

3.3.3.3 边贸发展形式单一

中越沿边地区的边贸发展中主要以边民互市和边境小额贸易为主,其他贸易形式较少,边境贸易形式的创新性不足。从中越沿边开始开发开放时,边境贸易的最早形式便是边民互市。边民互市是属于边境边民小额度和小范围的边境贸易,几乎只满足自身需求,虽然不存在边贸出口等成本以及商品的包装成本等,但是在一定意义上也很难带来较大的利润,因而边民互市的发展空间较小。边境小额贸易是在中越边贸的不断发展中,边民互市已经不能满足人们边境贸易的需求时兴起的一种边境贸易的方式。边境小额贸易存在一定的风险性,有着较高的违约风险,且边境小额贸易发展空间也较窄。目前边贸发展方式仍旧较单一,创新力度不够,这些都制约了中越沿边贸易的扩大发展。

3.3.3.4 边贸规模小

中越两国不断推进沿边地区的开发开放,但收效不甚理想。在中越两国沿边的投资者中,企业规模较小,产业规模较小,边境贸易额度较小,市场范围较窄,未形成市场化、专业化的运营模式,盈利空间小。因此,中越沿边的投资企业应积极利用中越沿边地区现有的区域优势和能源资源优势等,调整产业结构,加大制造业和服务业的发展,提高产业的附加值,而不是简单的转输运业务。

3.3.3.5 边境旅游竞争力弱

随着中越两国不断地开发开放,中越两国边境旅游也不断发展兴旺起来。据越南官方公布的相关旅游数据表明,中国已成为越南旅游市场最大的客源国。但是中越沿边旅游开发仍旧较为落后,规模较小,档次较低,配套设施不齐全,与边境旅游相配套的金融、服务、交通等服务业滞后,旅游景点较少,旅游内容不丰富,旅游景区游客吞吐量较低,限制了中越两国边境旅游的进一步发展,竞争力较弱。在中越边境旅游的实际情况中,游客在当地停留时间较短,过夜较少,未形成产业链性质的旅游业。目前,广西、云南和越南沿边的旅游线路仍待开发,旅游内容有待丰富,旅游质量有待重视。中越两国沿边地区应积极发挥口岸作用,带动边境旅游的发展,促进沿边的经济发展。

中越两国沿边地区多山路,交通不便,出入境手续烦琐,时间冗长,是中越边境旅游发展的限制因素之一。

中越两国沿边旅游的另一大限制因素是语言不通。中国精通并熟练运用越南语的人较少,越南精通汉语的人也较少,语言障碍较大。虽然广西、云南两地高校都开展越南小语种教学,熟悉越南语的人数上升,但是专业从事边境旅游的导游人数仍旧较少。中越沿边旅游中对熟悉两国语言并熟悉中越历史文化的导游的需求量很大。这一需求的稀缺直接降低中越边境旅游带来的满足感，也不利于中越边境旅游的扩大发展。①

3.3.4 平台和载体利用率不高

3.3.4.1 口岸效用较低

口岸建设是中越沿边地区的大工程，耗资巨大，成本收回周期长。口岸承担着过货、通关等一系列重要的功能，在沿边地区扮演着举足轻重的角色。目前，中越沿边地区的口岸中，凭祥和友谊关口岸发展较好，其他口岸的现状都不尽如人意。其他口岸都处于原始的"原进原出"状态，口岸经济发展滞后，加工贸易少，制造业少，附加值低，没有形成完整的产业链。

3.3.4.2 跨境经济合作区效益不甚理想

我国自积极建设跨境经济合作区以来，政策导向较为明显。有关跨境经济合作区的建设蓝图甚好，但是在实际建设中，并未实现软硬件的良好协作。一方面，滇桂两地的跨境经济合作区未建设完成优越的硬件设施，配套的水电基础设施、物流园等尚未完成；另一方面，在政策优惠的导向下，滇桂两地的跨境经济合作区未实现产业链的长远发展，没有吸引到较大的国内外产业的转移，没有吸引到较有实力的企业。中越沿边地区跨境经济合作区的效益目前尚不明显。

3.3.4.3 中国—东盟自由贸易区应用较少

中国—东盟自由贸易区的成功建立，是我国向东盟开发开放的重要平台。广西、云南和越南都在中国—东盟自由贸易区内，享受了中国—东盟自由贸易区内相关条款的优惠待遇，这为我国广西、云南沿边地区与越南沿边地区的开发开放增强了动力。作为中国—东盟自由贸易区中的一员，广西、云南沿边地区在与越南沿边地区进行边境贸易时可以既享受到中国—东盟自由贸易区的优惠政策，同时还能争取到属于沿边区域性开发开放的其他优惠政策，沿边经济发展空间大。但是，目前中越沿边的开发开放并未达到理想预期效果，仍旧存在边贸结构不合理、经济效益低等问题。我国应在这些平台的基础上，对外开放、对内开发，开放与开发相结合才能更好地实现中越边境的全方位的开发开放格局。

3.3.4.4 边境商业银行利用率低

（1）地摊银行历史悠久。2010年国家下发《关于边境地区一般贸易和边境小额贸易出口货物以人民币结算准予退（免）税试点的通知》，鼓励中越两国边境地区从事贸易的个人或者企业通过正式的商业银行来进行人民币和越南盾的兑换以及转账等业务。这一政策旨在逐步引导中越两国边境地区贸易的更加规范

---

① 周素勤. 浅谈桂越边境旅游的发展 [J]. 北方经贸, 1999（5）：2.

化。但是，在实施现状中，边境银行成本较高，手续繁杂，而地摊银行在中越两国沿边地区存在时间久，发展也比较成熟，其安全性和便捷度都较高，同时其低成本的绝对优势仍吸引着中越两国沿边地区贸易的个人或者组织。同时，鉴于越南银行业发展滞后的现状，在中越两国沿边地区，仍有70%的结算总额是通过地摊银行来结算的。由此可见，中越两国沿边地区商业银行的利用率较低。

（2）人民币只结算未流通。在中越沿边贸易中，由于双方货币的不一致性，都只能兑换成美元进行交易。随着中越沿边贸易的不断发展，贸易额度的逐渐增加，中越沿边贸易人民认识到兑换成美元的成本较高以及方便性较低，因而，逐渐使用人民币或者越南盾进行结算。我国随着经济实力的不断增强，逐步推进人民币的使用范围。在中越沿边的贸易中，我国对采取人民币结算的边贸商人给予一定的优惠。但是，在长期美元为世界流通货币的主导现状下，美元属于国际流通货币，因而，在中越沿边地区，人民币仍仅占有小部分的结算规模，没有实现人民币在中越沿边地区的流通。在这种情况下，中越沿边贸易的成本仍旧较大，手续仍旧较烦琐，且不利于实现人民币的区域化流通。

3.3.5 政策落地慢

自2000年我国加入世界贸易组织后，我国十分重视与越南的边境贸易的发展。我国针对中越两国沿边贸易，在世界贸易组织规则的基础上，出台了一系列相关的优惠政策，但是政策的具体落实情况却并不理想。例如，2010年国家下发了《关于边境地区一般贸易和边境小额贸易出口货物以人民币结算准予退（免）税试点的通知》，鼓励中越两国边境地区从事贸易的个人或者企业通过正式的商业银行来进行人民币和越南盾的兑换以及转账等业务，但是在实际操作中，以人民币结算的相关贸易主体在要求获得相应的退免税优惠政策时，手续繁杂，且需要提供出口收汇核销单，挫伤了中越沿边贸易主体获得应有的出口退免税的积极性，税收优惠政策并未落到实处。

我国有关经济合作区内实行减免税等优惠政策时都有一定的时间期限。在现实操作中，一些经济合作区正处于建设中或者是刚刚建设不久，并不能很快地实际享受到相关优惠政策，而限制期限却将近了。这种现状并没有给中越两国沿边地区的开发开放带来什么实际效用。

第4章 中越沿边开发开放经济带建设环境分析

4.1 中越沿边开发开放经济带建设资源环境分析

4.1.1 矿产资源开发环境

随着世界各国经济的发展，资源竞争势必会愈演愈烈，我国面临的资源问题将会更加突出，因此，我国能源经济应"走出去"，建立稳固的能源供应基地，并使得能源进口多样化。越南与我国接壤，矿产资源丰富，越南需要国外投资发展经济，因此，中越沿边经济带的开发建立有着良好的矿产资源开发环境。

4.1.1.1 越南矿产资源概况

越南矿产资源非常丰富，种类众多，经过几十年的地质勘查，发现的矿种超过120种，有探明储量的矿种77种。主要有煤、铁、铝、钛、锰、铬、锡、磷、铜、铅、锌、稀土、宝石等。其中煤、铁、磷、铝储量较大，又恰是我国南部省份较缺乏的。越南的油气资源也较丰富，已在其大陆架地区发现50多个油气储藏结构，主要分布在南部海域及红河、湄公河盆地。油气资源前景乐观，估计可达30亿吨，目前越南是一个原油出口国[1]。

另外，越南的铝土矿资源比较丰富，在世界排名第四位。铝土矿储量约为2.1亿吨。主要分布在北部高平、谅山省和西园地区林同省、达农省、多乐省以及嘉莱省和坤高省境内。矿石类型以三水铝为主，矿石质量较好。目前越南铝土矿产量并不高，以2010年为例，产量为3万吨，但其开发潜力很大。

---

[1] 崔福斌等. 中越矿产资源合作开发研究 [J]. 煤炭经济研究，2011（4）：23-27.

4.1.1.2 开发与合作

随着经济发展的不断提速,我国对矿产资源的需求量增长迅猛,未来一段时期内资源瓶颈问题将会更加突出。为此,应加快推进中越沿边经济带的开发与建立,鼓励矿产企业"走出去",建立长期稳定的国外矿产资源供应基地。由于地理因素及越南经济发展的需要,我国与越南在矿产资源领域有广阔的合作前景。

充分利用地理优势,扶持有实力的边境企业。越南与我国云南、广西两省接壤,而这两个省也是我国矿业经济比较发达的省,因此可以对这两个省具有潜质和规模的矿业企业给予政策扶持,鼓励它们"走出去"利用越南矿产资源①。中国矿业企业在越南投资时,要了解并遵守越南环境保护方面的法律法规,保护当地生态环境,对开发利用过程中可能产生的废水、废气、废渣以及其他的环保影响,要事先做好科学评估,并选择好解决方案。

4.1.1.3 现阶段中越在矿产资源领域的投资合作

(1) 同国外企业建立联营的合资项目。如位于老街省的贵沙铁矿项目是由昆明钢铁控股有限责任公司(昆钢)、越南钢铁总公司、越南老街矿产公司三方联营的合资项目。2006年11月,三方共同创办了联营公司——越中矿产与冶金有限责任公司,共同开发贵沙铁矿。

(2) 补偿贸易方式。如崇左电厂项目,崇左电厂由中国国电集团公司出资控股,越南煤炭矿产工业集团以每年供应230万吨煤炭为条件,在广西崇左市共同合作建设崇左电厂一期工程,总投资估算为48亿元;再如广西煤炭进出口公司与越南煤炭公司合作,广西煤炭进出口公司提供溪占煤炭公司综采设备,越南煤炭总公司每月向广西煤炭进出口公司提供煤炭12万吨。

(3) 技术服务。如滇黔桂石油勘探局与越南国家石油公司旗下的越南石油投资发展公司正式签署了《石油工程技术服务合同》,其内容为:在越南北部河内盆地钻两口天然探井,中方作为承包商,提供设备、技术及人员②。

(4) 投资买断外国公司已具备开发条件的勘探成果。如2009年3月和11月,翁富集团两次竞得越南煤炭开采权。

4.1.2 旅游资源开发环境

4.1.2.1 现有滇桂沿边旅游资源

旅游资源是一个地区发展旅游业的基础,在很大程度上决定着旅游业发展的速度和规模。没有良好的资源禀赋,缺乏具有吸引力的旅游资源,则旅游业的发展就成了无源之水、无本之木。广西边境地区的旅游资源十分丰富且分布广,景

---

① 赵明东,林刚,许珂等. 越南矿业投资风险分析[J]. 国土资源情报,2013(8): 18-21.
② 崔福斌等. 中越矿产资源合作开发研究[J]. 煤炭经济研究,2011(4): 23-27.

区景点特色鲜明,开发潜力巨大。其旅游资源可分为以下几类:

(1) 滨海风光。防城港及其所辖的东兴市拥有中越边境沿线迷人的滨海风光,主要以海滩和海岛风光为特色。防城港企沙半岛的沙耙墩海滩绿树成荫,沙白滩阔,是优良的天然海滨浴场;江山半岛旅游度假区的月亮湾、大平坡、白沙湾、怪石滩都各具特色,目前已被评为省级旅游度假区。东兴京族三岛海滩沙细,海浪相对平静,有"金滩"的美誉。岛上白鹤成群,京族风情浓厚,已形成独具特色的京岛旅游区;北仑河国家级综合自然保护区和山脚红树林保护区是广西沿海面积最大的海岸滩头红树林生态系统,可开辟观赏、垂钓、划船、避暑等休闲娱乐项目,发挥其科普教育、科学研究和旅游的功能。防城港的海滩、海岛风光与北海的银滩、涠洲岛和钦州的七十二径群岛等,构成了广西环北部湾的滨海风光带,成为边境旅游的亮点。

(2) 边关风貌文化资源。广西边境地区自古就是南疆的边防要塞,历代军事防御建筑及有关遗迹众多。如凭祥的友谊关是我国九大名关之一,清末中法战争的镇南关大捷和孙中山领导的镇南关起义都发生在此。大、小连城均为抗法名将苏元春利用山丘地形所建,是边关军事建筑的珍品之一。其中小连城有"南疆小长城"之称①。而金鸡山炮台是清代的防御工事,可以在山顶眺望越南境内的风光。在友谊关附近还有安葬清代抗法殉国将士的"万人坟"供世人凭吊。此外,边境地区的界碑、界桩、国门、边境经济合作区等边关地区特有的吸引物也有一定的魅力。沿中越界河北仑河,可以领略中越边境的山光水色,看到清朝国立的1~18号界碑。

(3) 民俗文化旅游资源。边境地区是少数民族聚居地,民族风情浓郁。在边境地区的大新、龙州、那坡、靖西、凭祥、上思等县市,壮族占了总人口的90%左右。壮族干栏式民居、"三月三"歌节、婚嫁习俗等壮乡文化风情成为吸引游客的重要民俗文化资源。除此之外,京族的民族风情也十分浓厚。东兴市的京族三岛是我国京族唯一聚居地,有着丰富的以海洋文化为底蕴的京族民俗文化资源。这种以海洋文化为主体的民俗文化,在中国南方少数民族中是不多见的,具有独特性。京族的"唱哈节"和哈歌,天灯舞、花棍舞和拉网舞,独弦琴和海洋风味的食品都各具特色,具有极高的旅游开发价值。

(4) 动植物旅游资源。边境地区由于偏居一隅,生态资源保存完好。那坡、龙州、宁明、上思等地的森林覆盖率超过了40%,其中上思高达60%。防城、上思境内的十万大山,靖西的古龙山,龙州的弄岗国家级自然保护区,青龙山、春秀水源林保护区,那坡的德孚、农信、弄化水源林保护区和大新下雷水源保护

---

① 徐少阳. 边境旅游中利益相关者合作与共赢问题研究——以五大连池风景区合作开发为例[D]. 中国人民大学,2008:32-34.

区等,均为主要的林区,发展森林旅游的潜力很大。其中十万大山集雄、奇、幽、野、古等于一体,已建成十万大山国家森林公园。另外,这里还分布着珍贵树种金丝李、擎天树及珍稀动物白头叶猴、黑叶猴等。此外,十万大山南坡的上岳金花茶自然保护区、宁明的陇瑞白头叶猴自然保护区等,均为我国珍稀生物重要分布区域。生物景观多样性较强,具有极高的观赏与保护价值。

(5) 风光秀美的地文景观。由那坡、靖西向南至大新、龙州、宁明一带,喀斯特地貌分布广泛,形成了区域特色明显的山水景色。代表性景观有靖西的通灵峡谷、通灵瀑布、三叠岭瀑布、旧州山水、大新德天瀑布、明仕田园风光、左江及黑水河沿岸的山水风光等。通灵大峡谷长10多公里,由5个峡谷组成,峡谷内荟萃了瀑布溪流、地下暗河、洞穴奇观和丰富的原始植被,是广西旅游资源的精华之一。德天瀑布是世界上第二大跨国瀑布,宽百余米,高约60米。瀑布顶上设有中越边境的53号界碑,为其跨国性增添了神秘色彩①。

4.1.2.2 越南的旅游资源

在东南亚国家中,越南是旅游资源丰富的国家之一。越南全国有70多处名胜古迹,散布在20多个省市。越南有著名的海上胜景——下龙湾(联合国教科文组织已授予它"世界自然遗产的称号")和越南主要的旅游城市河内、海防等。

下龙湾坐落在越南海防市吉婆岛以东,鸿基市以南,它的1600多个岛屿和小岛构成了一幅石灰石柱形的独特海景。由于地势陡峭,大部分岛屿杳无人迹,因此得以保持其自然风光。下龙湾以景色瑰丽、秀美而著称。1600多个大大小小的岛屿错落有致地分布在1553平方公里的海湾内,有的一山独立,一柱擎天;有的两山相靠,一水中分;有的峰峦重叠,峥嵘奇特,堪称奇观。因其景色酷似广西的桂林山水,因此世人又称之为"海上桂林"。

河内是越南社会主义共和国的首都,也是越南政治、经济、文化和交通中心。它位于红河三角洲平原上,北、西、南三面有三岛山、伞圆山、抛山环抱,东面是平原。河内面积为2139平方公里,是越南面积最大的城市,人口305.7万人,仅次于胡志明市,居越南第二位。河内市内湖泊星罗棋布,终年树木常青,鲜花盛开,风光秀丽,有"万花春城"之称。河内著名的游览胜地有:巴亭广场、胡志明陵、还剑湖、主席府、胡志明故居、西湖等,此外,河内还有文庙、玉山寺、独柱寺、古螺城址等众多的名胜古迹可供游览②。

广西与越南在拥有丰富的旅游资源的基础上,山水相连,拥有多个边境通商

---

① 徐少阳. 边境旅游中利益相关者合作与共赢问题研究——以五大连池风景区合作开发为例 [D]. 中国人民大学, 2008: 34 – 35.

② 唐上君. "一廊"和"一圈"框架内广西与越南旅游资源的整合 [J]. 广西民族研究, 2005 (3): 181 – 184.

口岸,在进军越南市场方面交通便利。这些不同特色的旅游资源有利于广西与越南在旅游产品开发方面开展广泛合作,实现互送游客以及开发跨国旅游线路。

4.1.2.3 中越旅游资源的合作与开发

尽管当前广西与越南在旅游其他领域的合作如旅游投资、旅游人才交流等方面较少,但从双方的旅游资源来看,旅游资源各具特色,有很大的互补性,如广西有甲天下的桂林山水,有北海银滩、亚洲最大的跨国瀑布——德天瀑布,越南有世界自然遗产下龙湾,有利于以特色产品开展合作,互送游客以及开发跨国旅游线路。同时,广西的许多少数民族与越南的民族是同一个民族,有相同的语言、文化与生活习惯,旅游合作有较好的文化基础和吸引力,并有较大的挖掘潜力。此外,对于越南而言,广西旅游业相对成熟,旅游专业人才的交流和培训存在较大的互补性。以上这些因素,有利于充分发挥广西在地理、资源、人文方面的优势,从而为中越沿边经济带的建立创造了独特优势①。

旅游基础设施的建设与衔接。广西现有16个一类口岸,8个二类口岸(其中陆地边境口岸12个)和25个边民互市贸易点。在东起英罗港、西至北仑河1595公里的大陆海岸线上共有防城、北海、钦州、珍珠、企沙、大凤江、铁山等21个港口通向东南亚、非洲、欧洲各大港口。从南宁到东兴是190公里的高等级公路,开车仅需2小时。而我国第一条连接东盟国家的高速公路——广西南宁至友谊关高速公路(南友高速公路)正式建成通车,该高速公路全长179.2公里,双向4车道,建设工程总投资37.14亿元,作为国家规划的"五纵七横"国道主干线的重要组成部分,它也是中国通往越南乃至东南亚地区最便捷的陆路国际大通道,被誉为"南疆国门第一路"。现在,从南宁到凭祥友谊关行车时间不到2小时,比原来的322国道缩短了一半的时间,它与越南1号公路对接,之后可转道到达缅甸、柬埔寨、泰国、马来西亚、新加坡等东盟各国②。

在海运方面,中国北海至越南下龙湾海上旅游航线,于1997年12月开通。迄今,北海市先后吸引北部湾八号、新上海号、明辉公主号、海洋公主号及茗花女王号等多艘邮轮参与该条跨国旅游航线的营运。另外,国内多个城市有直达越南首都河内和胡志明市的航班,从北京、广州、南宁等城市几乎每天都有航班直达越南河内或胡志明市③。而国内还有多座城市即将开通直达越南的国际航班。海、陆、空交通运输的发展和扩大预示着中越两国相互往来将更加快捷和便利④。

---

① 唐上君. "一廊"和"一圈"框架内广西与越南旅游资源的整合[J]. 广西民族研究,2005 (3):181-184.
② 钟珂. 中越旅游合作的发展现状与展望[J]. 梧州学院学报,2008,18(1):46-52.
③ 黄爱莲. 北部湾区域旅游合作创新研究[D]. 中央民族大学,2010:67-68.
④ 钟珂. 中越旅游合作的发展现状与展望[J]. 梧州学院学报,2008,18(1):46-52.

表4-1　中越边境口岸空间分布

所在境内	陆上口岸		水上口岸
	一类口岸	二类口岸	
广西境内	水口、凭祥、友谊关、东兴、龙邦	平孟、岳好、硕龙、科甲、平而、爱店、山同中	北海、防城、东兴
云南境内	河口、金水河、天保	都龙、麻栗坡	无
越南境内	马鹿塘、老街、清水、茶岭、驮隆、同登、友谊、芒街	阿巴寨、鸟马都洪、猛康、等门、普棒、上蓬、朔江、坡标、里板、下琅、平宜、峙马、横模	芒街、下龙湾

4.1.3 生态资源开发环境

中越沿边的生态资源开发与保护对于沿边经济带的开发是个重要议题，广西、云南两省区的生态资源状况应具体看待。

4.1.3.1 广西的资源环境状况

广西当前人均生态足迹为1.3369公顷，扣除12%生物多样性保护面积后，人均生物生产土地面积为0.3901公顷，人均生态赤字0.9468公顷。广西生态足迹处于强势增长时期，到2020年，人均生态足迹将达到2.139公顷，而当年实际人均生态承载力预测值为0.4322公顷，人均生态赤字增加至1.7068公顷，生态经济系统承载状况处于超载状态。因此，在生态现代化过程中不能超越现有发展阶段，但是通过加大结构调整和技术创新力度以及采用综合配套措施完全有可能缩短目前能源、资源密集型的发展阶段，坚持走符合自身特色的发展道路①。

广西面临生态环境的整体不稳定性和对外力干预敏感性的双重压力。资源环境绩效水平逐步提高，但趋势并不明显，资源环境综合绩效水平在全国的第24~第26位徘徊。由于SO_2排放、工业固体废弃物排放、生物资源、水污染和大气污染等问题出现变动，生态承载力处于超载状态，生态脆弱性趋势没有明显改变。近年来，广西区域环境水平呈下降趋势，区域环境水平和资源转化效率呈剧烈变动的下降趋势，抗逆水平和生态保护指数有所提高，排放强度指数下降明显，生态脆弱程度保持恒定，低于东部和中部平均水平，但高于全国和西部平均水平。生态保护在国内属于中等水平，环境治理指数呈剧烈变动。广西是我国生态环境脆弱地区之一。资源环境绩效与发展阶段密切相关，而且成为影响区域生

---

① 路战远，智颖飙，王再岚，张荷亮，田闻瑾，Emmy Komada，旺扎拉．资源—环境双重约束下的区域生态效率的时序特征——以广西壮族自治区为例［J］．生态环境学报，2010（8）：1815-1821．

态平衡的重要因素之一①。

4.1.3.2 云南省的生态资源状况

云南拥有相对丰富的自然资源，与东部、中部地区相比，总量和人均量均占优势，开发潜力巨大。云南自然资源开发存在整体利用率低与生态环境恶化并存的问题。

从资源分布状况来看，资源丰富的地区主要集中在沿边对外开放经济带的西部和西北部县市，其优势资源包括水资源、旅游资源及森林资源等，资源较为缺乏的地区主要集中在东南部县市，但这些地区耕地资源和矿产资源相对较丰富；生态环境状况较好的地区主要集中在沿边对外开放经济带的西北部和南部县市，这些地区森林覆被较好，土壤侵蚀、水土流失程度较轻，拥有众多国家级、省级自然保护区，生态环境极为重要，生态环境状况较差的地区主要集中在西部和东南部县市，这些地区森林覆盖较低，土壤侵蚀、水土流失较严重，生态环境对自然及人为的影响较敏感，生态环境脆弱。

从资源环境的综合开发情况来看，云南沿边对外开放经济带资源环境基础总体上处于一般水平，资源环境基础较好的地区主要集中在西北部县市，较差的地区主要集中在东南部县市，资源环境基础的区域差异显著。云南沿边对外开放经济带资源环境较为复杂，出现了"富饶的贫困"现象，即资源丰富、生态环境状况较好的地区其发展较为落后②。

总的来说，中越沿边生态资源丰富，为经济带的开发提供了先天的有利条件。但资源的开发要在强调"以人为本"、实现"全面协调可持续"的科学发展观的指导下，兼顾国家的支持与帮助和区域自身资源环境的合理、持续开发利用，要使丰富的资源环境基础为沿边地区经济社会发展作出应有的贡献。

4.2 中越沿边开发开放经济带建设经济环境分析

4.2.1 产业发展环境

中越两国山水相连，陆地边境长达1450多公里，经贸往来源远流长，优势

---

① 路战远，智颖飙，王再岚，张荷亮，田闻瑾，Emmy Komada，旺扎拉．资源—环境双重约束下的区域生态效率的时序特征——以广西壮族自治区为例［J］．生态环境学报，2010（8）：1815-1821．

② 赵兴国．云南沿边对外开放经济带资源环境基础及区域差异研究［J］．国土资源科技管理，2013，30（3）：18-26．

明显。两国自1991年关系正常化以来,伴随着中国—东盟自贸区的建成,两国的贸易增长迅速,中国自2006以来连续八年成为越南最大的贸易伙伴。因此,中越沿边经济带的建立也是目前两国产业发展的政策诉求。

4.2.1.1 中越沿边特色产业发展的政策需求

(1) 符合国家战略的需要。国家对北部湾经济区的功能定位是:立足北部湾,服务西南、华南和中南,沟通东中西,面向东南亚,努力建成中国—东盟开放合作的物流、商贸、加工制造基地和信息交流中心,成为支撑西部大开发的战略高地。随着广西北部湾经济区开放开发上升为国家战略,新型经济园区是关键,特色产业的选择与开发是重要的切入口,以形成中越沿边有国际竞争力的区域性现代产业基地。

(2) 符合地方经济战略的需要。虽然越南将作为东南亚的新兴市场国家,但从国际商品态势上主要作为中国产业发展原料基地和产品市场的格局短时间不会有根本的变化,广西、云南两省区对越南的经济战略,应该改变现在的单纯"通道经济"模式,提升为"国门经济"和边境产业平台,更要针对越南小规模、多批量、少风险的贸易原则和交易特点,改变大规模、盲目性的习惯做法,提升为边境集结人才、资金、技术和原料的稳妥、具有梯次投资结构的"特色加工产业"经济。

(3) 符合国家沿边开放战略的需要。富裕、繁荣和开放的边境是国家最好的稳定机制、防御态势和预警系统。中国是世界上陆地边界最长、陆上邻国最多的国家。

国务院2011年下发《兴边富民行动规划(2011~2015年)》,支持海关特殊监管区域、边境和跨境经济合作区建设,提高跨境经济技术合作水平,逐步建成一批以能源、原材料、特色农产品、粮食、棉花等资源性产品为主的国际物流集散中心。两省区应选择一批重点口岸和城市,发展外向型产业,完善配套产业链,充分发挥技术、人才、资金聚集效应,探索与越南建立产业发展协调机制①,推动人民币与越南盾的共同流通,形成中越国际经济走廊和经济合作带。针对越南的农业国情,重点是促进特色优势产业发展,扶持特色农牧产品加工,着力延长农业产业链条,大力发展品种优良、特色显明、附加值高的优势农产品,积极培育一批知名品牌,重点扶持一批带动力强的龙头企业。

(4) 符合发展民族经济的需要。全世界10个人口最多的国家中,有6个在中国周边。广西、云南两省区又是多民族地区,共分布有38个民族,占全国少数民族种类的68%,人数也最多,超过70%,是我国少数民族种类和数量最多

---

① 国务院办公厅关于印发兴边富民行动规划(2011~2015年)的通知。

的地区。在这样一个多人口、多民族生活、劳动和聚集的边疆地区,发展民族经济和地方经济十分重要,对整个国家的政治、经济、军事、安全、地区稳定和边境安宁等问题具有重大的意义。

(5) 符合两省区沿边开放的需要。独特的地缘优势使两省区成为中国可以同时拥有空中、公路、铁路和水运同时进入东南亚地区的省份,处在拥有32亿人口的中国、东南亚、南亚三大市场结合部,是中国面向东南亚开放的中心枢纽地区,因而两省区在全国沿边开放总格局中占有特殊而重要的地位。随着一系列交通基础建设的逐步推进和完善,门户作用将日益彰显,两省区联手参与周边合作开发的能力将进一步增强,推进对东南亚开放,有条件在提升沿边开放中扮演极其重要的角色。

(6) 符合中国加强对越南的经济影响力的需要。中国对越南的影响力目前主要来自经济领域,具体内容包括:《中越五年经贸合作发展规划》;中越"两廊一圈"合作;电力、铁路、公路、产业园区等基础设施的合作与融资;中越基础设施互联互通;南宁—新加坡经济走廊;中越金融合作,增加中越货币互换额度,人民币与越南盾直接兑换,使越南成为人民币国际化的先行国等中国—东盟经济一体化的项目建设等。其中,中越边境经济带的建设无疑是最具有现实意义的重要内容。

4.2.1.2 中越沿边地区产业发展的有利环境

(1) 陆地边境问题的解决。2009年11月18日,中国与越南陆地边界勘界文件签字仪式在北京举行。中越陆地边界经过双方历时10年的共同努力已全线勘定,中越陆地边境问题已经得到完全解决,虽然现在国内还有一些议论,但乐观预计两国基本可以确保30年两国陆地边境的稳定,为沿边经济带开发奠定了现实的前提和坚实、稳定的国家基础。

(2) 多种优惠政策的叠加。两省区处于如西部大开发、GMS大湄公河次区域开发、北部湾经济开发等多个优先优惠发展经济区的交汇地带,国务院和两省区先后推出和批准了大量鼓励边境产业建设和民族地区经济发展的优惠政策,如《兴边富民行动规划(2011~2015年)》、《关于深入实施西部大开发战略有关税收政策问题的通知》、《北部湾经济开发区发展规划》、《国务院关于进一步促进广西经济社会发展的若干意见》。云南省2012年的《加快推进边境经济合作区建设若干意见》更是提出了下放一批审批权限、出台15个支持政策、边境经济合作区实施独立的管委会制度且拥有独立财权等,要使9个边境经济合作区成为"政策和投资洼地"。2013年1月28日,国家发改委正式发布了《云南省加快建设面向西南开放重要桥头堡总体规划(2012~2020年)》,构建我国通往东南亚、南亚的陆路国际大通道。建设沿边开放经济带、形成对内经济走廊、构建内联外通的综合交通运输体系、建设外向型特色产业基地等成为云南"桥头堡"建设的具体任务。

（3）新型外贸增长模式。经济全球化下的国际贸易方式获得了极大的丰富和提升，除了各种自由贸易区，各国依托保税区、保税港区、出口加工区、保税物流园区，甚至是免税店等新型经济园区的建设，形成全球性的保税经济模式。其主要内容是创立"境内关外"的商品管理制度，利用海关特殊监管区实行的暂免关税、简化手续等便利化措施，大大降低商品在各国间的流转费用和时间，加速商品流通，以获取区域甚至全球的规模效益。同时，此类方式能够有效避免目前国际货物贸易中各种形式的国际贸易国家风险和贸易争端。

国家为配合沿边开发，推行了一系列的边境保税政策，为两省区边境产业的工业模式做出了规划，指明了方向。2011年9月，中国首个设立在陆上边境线上的综合保税区——广西凭祥综合保税区正式运营，被认为是中越跨境合作取得新进展的标志。同时，2012年8月，国务院正式批准云南瑞丽、广西东兴、内蒙古满洲里三大重点开放开发试验区，实行"边境特区、境内关外、自由贸易、封闭运作"模式，形成人员自由、货物自由、贸易自由、投资自由、结算自由的五个"自由"。2013年5月在北京召开的中越合作指导委员会第六次会议上，中越双方已宣布成立两国政府经济贸易合作委员会框架下的边境贸易合作工作组，此举充分体现两国政府对边贸活动的重视程度。双方按照中越两国《联合声明》要求，加快建设中越跨境经济合作试验区，推动跨境经济合作从单一的边境贸易向投资产业与物流贸易相融合的全面升级，携手打造中越边境经济高地。由此可见，边境产业建设有双向作用，可以带动中越双边的力量。

（4）国际平衡贸易。2012年4月，国务院下发"关于加强进口促进对外贸易平衡发展的指导意见"，明确要求进口与国内产业协调发展，坚持进口与扩大内需相结合，推动内外贸一体化，促进扩大消费。坚持进口与"走出去"相结合，拓宽进口渠道，保障稳定供应。

扩大进口及相关进口加工业务是最好的外贸平衡手段，有利于中越进出口贸易的稳定。目前，越南对华贸易大幅逆差，发展针对越南特色原料工业的边境产业，可以充分利用越南的廉价劳动力，特别是原料优势，在边境建立国际接轨的管理体制及资本运营方式，利用资金、技术及其品牌等，提高加工贸易中间产品的进口比率，带动边境产业的发展，将边境自身的末端劣势转化为前沿优势，同时也要充分利用好越南及其他东盟国家外部条件，实现贸易平衡，优势互补，达到"双赢"、"多赢"或"共赢"的局面。

（5）国际农产品贸易。中越两国同是以农业为主的国家，中国成为越南最大的农产品出口国，约占越南农产品出口总额的2/3。两省区是全国最大的特色农产品出入境集散地。2012年越南农产品对华出口额约18亿美元,其中,水产品出口额3.7亿美元,林产品出口额3亿美元,大米出口额2.4亿美元,橡胶出口额2亿美元。通过对贸易互补性指数、相对外贸依存度指数、贸易结合度指数对中越农产品贸易进行的相关实证分析,表明中越双方在贸易互补性、相对外贸依存度及贸易结合度方面均有着较好的表现。因此,发展中越边境特色农产品加工产业符合两国的利益。

(6) 边境资源整合。沿两省区边境的保税区、加工区、边贸区等特殊经济区带,应该说是一种既符合经济全球化的通行做法,又符合中国的国家与地方利益的国际新型经济合作导向。据越南相关经济人士介绍,越南的构想是全力投资建设南方,北方完全由中国出资建设。所以,中国各方更应该明确投资战略,整合边境资源,选择产业方向,构建梯次结构,完善桥头堡布局,做到以我为主,稳步推进,才能确保投资的经济效益与国家效益。中越两国政府在越南莱州、奠边、老街、河江、谅山、高平、广宁与中国云南、广西两省区沿边境展开了形式多样的边境经济合作,将进一步整合边境的各种跨国资源,有效拉动两省区边境经济的同时,带动和影响越南和东盟经济。

(7) 中越跨国道路交通运输的保障。随着中国—东盟自贸区"零关税"的深入实施和贸易便利化水平的提升,中越两国间陆路道路的物流量不断攀升,陆路通道建设突飞猛进。2011年10月,中越两国政府签订关于两国汽车运输协定的《两议定书》,解决了制约中越国际道路运输发展的跨境法律问题。此外,将新增包括"南宁—河内"客运线路在内的10条客货运输线路,其中广西、云南各将新增5条客货运输线。

多条直达道路客货运输线路的开通,标志着中越两国间道路交通进入"点对点"时代,且呈现"多点开花"的趋势,长期以来中越汽车运输只能在边境地区转运及换装的限制得到改变,两国间的运输范围、规模、效率得到提高,也降低了货物运输、人员出行成本,将对中越边境物流、边境贸易的发展产生积极影响,对中国—东盟物流合作,经贸合作,互联互通的大通道、大平台建设,对边境经济社会的发展具有重大意义①。

4.2.2 金融投资环境

4.2.2.1 中越经济与金融合作现状

中越双边贸易与投资概况。中国海关总署网站公布的数据显示,在CAFTA成立的2010年,中越双边贸易额约301亿美元,超额实现两国领导人提出的250

---

① 杨磊. 中越边境口岸经济优势分析与沿边产业规划研究 [J]. 经济研究参考,2014 (5): 32 - 35.

亿美元贸易额目标。之后，中越双边贸易额继续快速增长，到2012年，进出口贸易总额约为504亿美元，2010~2012年均增长率达25.8%。2012年，中越进出口额占中国与东盟国家进出口总额的12.61%，占比也保持逐步上升的趋势。由于中国对越南出口的商品附加值高于越南出口到中国的商品，中国连续多年保持对越南贸易顺差。在双边直接投资方面，越南是中国企业"走出去"的重要地区，是中国在东盟十国中直接投资增幅最大的国家。中国外交部网站的数据显示，截至2012年3月底，中国企业对越累计非金融类直接投资10.6亿美元，在越南累计签订承包工程合同额231.9亿美元，完成营业额142.8亿美元，为当地社会经济发展作出了积极贡献。

4.2.2.2 中越金融合作现状

一是两国中央银行和监管机构合作。在目前中越两国政府间金融合作的内容中，区域货币合作是重点之一。中国人民银行加强与包括越南在内的东盟地区的金融合作，积极参与"东盟+中日韩"（"10+3"）框架下的区域货币合作，提高"清迈倡议"多边化协议的可操作性，并在东亚及太平洋中央银行行长会议组织框架下推动成立货币与金融稳定委员会①。2013年11月21日，中国人民银行等11个部委正式联合印发《云南省、广西壮族自治区沿边金融综合改革试验区总体方案》。沿边金融综合改革试验区主要范围包括云南、广西两省区几个州市。这是中央支持云南、广西建设面向西南开放重要桥头堡和沿边开放作出的一项重要制度安排，为积极打造构建以云南、广西为中心的泛亚金融合作平台奠定了良好的条件与基础。根据规划，试验区在利率和汇率市场化、人民币国际化、金融监管机制改革等方面先行试验，探索对外融资、对外投资、对外贷款，推动人民币结算、人民币投资、人民币贷款等方面的经验，推进贸易投资的便利化，逐步向人民币为载体的贸易投资便利化发展和扩大，建立起以人民币为主导的人民币市场区和人民币经济区，使市场配置资源发挥决定性作用。由于云南和广西都与越南交界，这个重大改革举措无疑为中越金融交流提供了广阔的制度空间，将极大地促进中越之间的金融合作进程②。

二是两国商业性金融机构的合作。随着CAFTA的成立，中国与包括越南在内的东盟各国的商业性金融机构合作关系有增无减。中越两国的商业性金融机构已经有较长时间的交往与合作关系。在双方商业银行跨境经营方面，中国银行胡志明市分行自1995年成立以来，与众多中越企业建立了战略伙伴合作关系。另

---

① 罗力强. 中国—东盟自由贸易区框架下中越金融合作与广西的战略选择[J]. 广西社会科学，2014（5）：48-53.

② 罗力强. 中国—东盟自由贸易区框架下中越金融合作与广西的战略选择[J]. 广西社会科学，2014（5）：48-53.

外，中国建设银行、中国交通银行的分支机构也已进入越南。这些中资金融机构在当地保持了良好的合作态势，合作支持大型项目。在我国境内，早在2008年1月8日，越南首家，也是最大的股份制银行——越南西贡商信银行南宁代表处正式成立。这是外国银行在广西设立的第一家办事机构，也是越南银行在国外设立的第一家代表处。据中国银监会广西银监局的调查，新加坡星展银行和越南西贡商信银行已经分别在广西设立了分行和代表处，通过合作贷款、"内保外贷"等形式发放了折合人民币50亿元的境外贷款。

在双方商业银行业务合作方面，中国建设银行云南省分行早在2001年、2005年、2009年就分别与越南投资发展银行、越南农业与农村发展银行、越南湄公河三角洲房屋发展银行签订了边境贸易合作协议，正式建立边境贸易合作关系。2013年4月，云南省农村信用社联合社同越南农业与农村发展银行老街省分行签署跨境贸易人民币结算业务合作协议。中越两国从事边境贸易业务的个人和企业均可在双方银行开立人民币（或越南盾）存款账户进行结算。到CAFTA成立之初，广西辖内中国银行、工商银行、农业银行、建设银行、交通银行、光大银行、兴业银行、广西北部湾银行等已经为越南等东盟国家及我国港澳地区的20多家银行开立人民币往来账户，辖内有近1000家企业与境外贸易伙伴采用人民币进行贸易结算。广西北部湾银行于2010年12月开办了跨境人民币结算业务，与越南投资发展银行等32家东盟国家银行建立代理行关系。2011年5月启动中国—东盟货币跨境业务中心建设，筹备越南盾对人民币汇率挂牌业务。此外，该行还与越南等东盟国家金融机构合作开办"内保外贷"业务，在南宁市成立人民币与东南亚货币自由兑换中心，在越南设立该行代表处①。

4.2.3 合作协调环境

4.2.3.1 中、越边境地区合作特色

中、越边界在陆地上有众多的口岸，还有多个海上边贸码头。陆地口岸有公路和铁路相连，地处中国—东盟合作前沿，具备扩大边贸的自然地理基础。中、越边境地区融入CAFTA可以升级边境贸易，反过来，边境经贸合作又可以加快与东盟和GMS的经济合作，还可以成为开展"两廊一圈"以及泛北部湾经济合作的突破口。中、越双边的文化相近、政治制度相同，两国关系处于黄金时期，有利于边境地区经贸合作的创新。越南2006年底加入WTO后，中、越边境地区成了更多区域经济合作机制的交汇点，如CAFTA、GMS、"两廊一圈"等，该地

---

① 罗力强. 中国—东盟自由贸易区框架下中越金融合作与广西的战略选择 [J]. 广西社会科学，2014 (5)：48-53.

区可以成为这些机制的试验特区,对我国其他边贸地区起标杆作用。中、越在2006年底达成了开展"两廊一圈"合作的《谅解备忘录》,其中提到要促进两国边境地区经济繁荣和社会稳定,进一步推动中、越经贸合作和两国全面友好合作关系的发展,这为发展边贸提供了新契机①。

4.2.3.2 边境合作机制的思路

(1) 升级边境贸易方式,促进单一边境贸易方式向综合边境经贸合作方式发展,用边境的投资合作带动边境贸易的进一步发展。就中、越边境地区来看,建立和谐边境经贸合作带是有效的途径。它的范围首先可以确定在两国之间的30平方公里之内中、越各15平方公里。中、越边境地区,有一级口岸、二级口岸和多个边贸点。在广西与越南的边境段,以一级和二级口岸为点、边境经贸合作带为线、边境省份为面。通过点、线、面的结合,深化边境经贸合作。双边的沿边公路可起支撑作用。

(2) 中、越边境地区是多个区域经济合作交叉点,这是该地区优势所在。可以充分利用多区域合作的政策,让该地区成为这些区域经济合作的试验田和先行区,取得经验再推广。对于中、越边境地区,关键是要把边境贸易纳入CAFTA的进程,双边利用多种区域经济合作机制来共建和谐边境合作带,让其与CAFTA等机制相互促进。建设边境合作带也是"两廊一圈"、CAFTA、泛北部湾经济合作的突破口之一,即边境地区推进自由化的期限要更早一些。

(3) 在促进方法上,改单边推进为双边共同推进。以往中、越双方虽然均愿意推进边境贸易,但在实施中是各自推进。不同步削减了双边边贸政策效应。因此,要改单边推进为双边同步推进。为了形成中、越双方均可接受的政策,应先在双边一级口岸共同采取经济特区的经贸合作方式试点。经济特区有多种形式,不管采取哪种形式,关键在双边的边境贸易政策要同步,更有效地促进边境经贸合作。现在,越南老街与云南河口建立的中、越红河商贸城,采取"两国一区、封闭运作、境内关外、自由贸易"的模式进行管理,实行自由贸易区的有关政策。2007年,广西凭祥与越南谅山也达成了类似的合作协议,各让出8公里的范围来建立边境经贸合作区。这些已带有双经济特区的性质,是创新边贸合作方式的举措,是边境合作向综合性方向发展的很好的探索。

中、越共同建立边境合作区确实可以优势互补。比如,利用越南劳动力、资源、原产地证等和利用中国资金、技术、电力等②。现在,越南电力紧张,对我

---

① 高歌. 创新边贸合作机制,推进与周边国家边境合作深入发展——以中、越边境贸易为例 [J]. 特区经济, 2007 (9): 85 - 87.

② 高歌. 创新边贸合作机制,推进与周边国家边境合作深入发展——以中、越边境贸易为例 [J]. 特区经济, 2007 (9): 85 - 87.

国的焦炭和钢坯需要量大。现在广西百色市那坡县,已经与边境接壤的越南地方达成了共同开发老虎跳大峡谷的跨国漂流合作项目的共识。

(4)创新边境地区的经贸合作协调机制要针对多重区域合作机遇,研究在多个机制下建立中、越边贸新机制,探讨国家、省、市、县四级协调机制的分工与功能,更好地促进边境经贸合作的发展。

(5)可持续发展应是边境地区的经贸合作首选。积极进行国际资源转换,不能再以自然资源为依托,只有以科学发展观为指导,培育、发挥智力资源才是根本出路。要采取可持续发展下的边境地区边境经贸策略,改变以往粗放型的模式,向集约型、增长型转变。①大力发展绿色产业,提高边贸出口产品竞争力。边境地区发展工业要多发展绿色产业,边境经贸合作要实施环境标志技术标准,增加国货竞争力,改变原来外方对中国产品不好的印象,不断提高我国边境地区边贸出口产品的竞争力。②以生态资源增值来开展边境地区边境经贸合作。要不断改善边境地区的边贸产品结构,按照环保的要求出口产品,在进口中更要防止国外的"洋垃圾"和不符合环保的产品进入。边境地区的农业发展要追求生态经济效益,实现可持续发展。这是大湄公河次区域合作和其他区域经济合作中的重要内容。要通过体制、管理和科技创新来发展现代生态农业,保护边境地区的发展环境。

(6)加大人力资本的投入,加强有关的培训,不断提高边境地区的人员素质。我国边境地区的劳动人口素质、劳动技能和知识水平还普遍较低。要适应边境经贸合作的深入发展,促进边境地区的可持续增长,就要加大人力资本的投入,提高教育与培训水平,不断提高边境地区劳动人口素质、劳动技能和知识水平。

(7)加大边境地区城乡结合的力度,使边境地区一级口岸城市的功能不断加强,能起到有效的辐射作用。通过一级口岸城市来逐步形成点、线、面的结合。在这方面,利用好越南的优势之一是产地证,在越南边境城市如芒街,设立中国产品保税加工区。一方面,可以把在中国逐渐失去优势的产业向此转移,利用越南产地证可以更好地向东盟国家出口,另一方面,可以把我国受到欧美国家反倾销的产业向此地转移,利用越南产地证再出口。

(8)进一步做好边境地区的基础设施建设。现在,中、越边境地区的交通状况是广西段较好、云南段较差。2008年,昆明到河口的高速公路可以修通,这样可以大大改善云南段的交通状况。随着口岸通关条件的进一步改善,两国银行部门的进一步对接,人民币退税等问题的解决,不仅可以促进边境贸易的进一步发展，而且可以带动边境服务贸易和其他经贸合作的发展①。

4.2.4 市场监管环境

4.2.4.1 我国现行市场监管体制的概况

目前我国承担市场监督管理职责的部门和组织有多个，从现行的监管分工看，可做如下分类：①综合市场监管部门——工商行政管理局，其主要职责是主管国务院市场监督管理工作，负责保护合法经营，取缔非法经营，保护公平竞争，制止不正当竞争，维护市场秩序；在层级体制上，1998 年以前为"条块结合、以块为主"的模式；1998 年开始改革，实行省以下工商行政管理机关的垂直管理。劳动和社会保障部主管国务院劳动就业和社会保障监管工作。这几个国务院组成机构相互合作，密切合作。②专项市场监管部门——专项市场监管部门侧重于从某一专业角度对消费品市场、生产资料市场进行监管，它与工商局监管的领域相同，只是监管的内容存在差异。国家食品药品监督管理局是主管食品、保健品、化妆品安全管理综合监督和主管药品监管的国务院直属机构；国家质量监督检验检疫总局主管国务院质量技术监督和进出境检验检疫工作；商务部主管国务院国内外商业贸易市场秩序的监管工作；建设部是国务院建设领域市场监管主体。中国海关总署是国家进出境监督管理机关。③专业市场监管部门——证监会、房产管理部门、土地管理部门、文化出版管理部门等专业市场监管部门是从某一特定市场出发，对该市场的市场行为进行监督管理，它的监管范围大多是要素市场，监管手段的技术性强。各种行业组织，这些组织是独立于政府之外的社会性民间组织或是半官方性质的经济组织，多为市场主体的自律协调组织。它们属于行业管理的范畴，也以维护正常的市场秩序为己任。因而可以说行业管理组织在一定程度上也肩负着市场监督管理的职责，不过这种职责更多地是以自律，以及政府、企业、市场的双向协调为特征②。

目前，深化我国市场监管制度体系的建设和改革已经具备了较好的基础，市场监管制度体系建设主要应以深入贯彻《行政许可法》为契机，进一步完善相关的法律制度，全面推进依法行政。进一步完善市场主体登记制度和商品准入制度，加快制定统一的企业信用分类监管制度。积极推进《商事登记法》、《反垄断法》、《反倾销法》、《市场监管条例》的制定和《反不正当竞争法》、《商标法》、《公司法》、《合伙企业法》、《公司登记管理条例》、《合伙企业登记管理条例》等法律规章的修订工作，并根据实际情况及时制定相应的实施细则。对一些

---

① 高歌. 创新边贸合作机制，推进与周边国家边境合作深入发展——以中、越边境贸易为例 [J]. 特区经济, 2007 (9)：85 - 87.
② 柳劲松. 我国市场监管体制的解读与重构 [J]. 现代企业教育, 2009 (6)：45 - 46.

重点监管领域，如流通领域重点实施商品质量监管、食品市场监管、建筑装饰材料监管、汽车市场监管等，在国家尚未制定出台相应的法律规章之前，各地方政府可先行制定地方性法规，以保证实施并进一步完善现行法律制度体系①。

4.2.4.2 越南市场监管环境

越南是一个受到政府高度管控的国家，如果违反法令或相关规定，其后果是相当严重的。越南政府对于任何扰乱社会秩序的行为，都会迅速采取行动予以处置。

4.2.5 科学技术应用

科技应用即是人们运用科学技术来谋求发展的行为与过程，它强调的是科技的转化性和价值性，而不是创新性。"制度加科技"以规范权力运行为核心、强化制度执行为关键、运用现代科技为支撑，将有关制度演化为工作流程，固化到系统程序，确保权力运行"大小有界、公开透明、网上留痕、全程受控"，力求形成一整套用制度管权、按制度办事、靠制度管人的有效机制，最大限度减少制度漏洞，提高反腐倡廉建设的科学化水平。通过"制度加科技"的运用，将制度与科技有机结合起来，缩小制度设计和执行之间的差距，在制度的设计、执行和完善中，充分考虑科技因素，开展制度的廉洁性评估，增强制度设计的科学性、制度建设的针对性和可操作性以及制度配套的完备性。既注重基本制度，又注重实施细则；既注重实体性制度，又注重程序性制度，大力推进教育、监督、惩治、预防等制度同步建设，逐步形成内容科学、程序严密、配套完备、有效管用的反腐倡廉制度体系②。

4.2.6 土地开发利用

4.2.6.1 云南

（1）土地利用结构。目前云南省 25 个边境县（市）国土总面积为 9001490.7 公顷，其中，农用地 7350356.6 公顷，占 25 个边境县（市）国土总面积的 81.66%；建设用地 121617.2 公顷，占国土总面积的 1.35%；未利用地 1529516.9 公顷，占国土总面积的 16.99%。耕地面积 1272255.9 公顷，占 25 个县农用地总面积的 17.31%，其中，灌溉水田 373445.6 公顷，占耕地总面积的 29.35%；望天田 38338.8 公顷，占耕地总面积的 3.01%；水浇地 985.2 公顷，

---

① 唐立军，李书友．建立和完善我国市场监管体系的思路、目标与措施［J］．北京工商大学学报（社会科学版），2008（1）：1-7．
② 林云存．深入推进"制度加科技"的几点思考［J］．检察风云——预防职务犯罪专刊，2013（2）：65．

占耕地总面积的 0.08%；旱地 855324.6 公顷，占耕地总面积的 67.23%；菜地 4161.7 公顷，占耕地总面积的 0.33%。园地面积 382883.6 公顷，占 25 个县农用地总面积的 5.21%；林地面积 5234354.4 公顷，占 25 个县农用地总面积的 71.21%；牧草地面积 61768.8 公顷，占 25 个县农用地总面积的 0.84%；其他农用地面积 399093.9 公顷，占 25 个县农用地总面积的 5.43%。

（2）土地利用特征。25 个边境县（市）土地利用结构多样，农用地比重大，以林地为主；园地面积小，牧草地分布广泛，但集中连片的牧草地少，建设用地比重很小。土地利用受自然条件限制，宜耕土地面积少。土地利用主要特征有：

土地利用类型丰富多样。有热带的、亚热带的用地类型，也有温带的和高原寒带的用地类型；既有集约经营的坝区的高产稳产耕地，也有利用不合理的、产量很低的山区、半山区轮歇地，中低产田比重较大，占耕地总面积的 70% 以上，较为特殊的还有石山灌丛和石山草皮。任何一个县、乡、村公所都有耕地的、园地的、林地的、牧草地的、居民点用地的、交通用地的、水域和未利用土地中多种地类的分布，各种用地类型基本齐全。

林地面积较大，但分布不平衡。云南省 25 个边境县（市）林地面积达 524.80 万公顷，占土地总面积的 58.30%，林地占地比例多在 45%~65%，高山峡谷地区林地占其土地面积的 90% 以上，而经济发展较好地区，林地占地面积相对较少。

土地利用空间分布具有明显的山原特点。云南省 25 个边境县的土地呈 L 形带状分布，每个县（市）规模较大的片区多分布在平坝区，相对集中连片，规模较大，水田所占比重较大，质量较好；山区和半山区项目片分布零散，单片规模较小，多数项目片区内间杂林地，旱地所占比重较大，耕地质量较差。

光热条件较好，但耕地利用水平低。云南省沿边境地区的土地多分布在北纬 24°以南的广大地区，热量条件较好，但耕地单产水平较低，优质耕地少，中低产田所占比重大，农民人均拥有高稳产田仅 0.49 亩，现有耕地中灌溉水田、菜地所占耕地总数的比例较小，仅占该区耕地总面积的 51.06%。望天田、水浇地、旱地等的比重较大，占耕地总面积的 48.94%。

人地比例、土地开发程度有明显的地域差异，耕地后备资源紧缺。25 个边境县（市）山区和半山区占土地总面积的 96%，个别县可达 99%，占总面积约 4% 的坝区土地，居住着近 50% 的人口。边境县耕地的 78% 分布在广大山区，耕作条件差，垦殖率低。坝区耕地仅占 22%，但土壤和水热条件较好，集约经营程度高，经济发达，产出率较高，垦殖率高。耕地后备资源主要集中于经济较落后、人少地多的滇西南地区，尤以普洱市和临沧市最多，但本区域后备资源均为山地资源，开发利用难度大①。

4.2.6.2 广西

（1）土地类型。广西地处云贵高原与东南沿海丘陵、平原的过渡带，总的地势是由西北向东南倾斜。广西四周被山地围绕，呈盆地状。广西山地占土地总面积的53.7%；丘陵占21.9%；台地（包括阶地）占8.3%；平原（包括盆地）占14.6%；河流水库占1.5%。故称广西是"八山一水一分田"。广西岩溶分布面积占全区土地总面积的37.8%，其中，裸露的岩溶面积占土地总面积的33.3%。岩溶山区石头多土壤少，石山坡陡，易旱易涝，地表水缺乏，开发利用困难。可见山多平原少、岩溶广布是广西土地资源结构的显著特点。广西土地利用现状也反映出这个特点。

土地利用耕地面积45778720公顷，占土地总面积的18.56%。其中，水田占耕地总面积的51.11%；旱地占耕地总面积的48.89%。人均耕地0.096公顷。园地3969576公顷，占土地总面积的1.63%。其中，果园占园地总面积的81.52%。林地1144135×10⁴公顷，占土地总面积的48.17%。其中，有林地占林地总面积的66.85%；灌木林占林地总面积的15.30%。牧草地8337368公顷，占土地总面积的3.40%。其中，天然草地占牧草地面积的99.62%。水面5731856公顷，占土地总面积的2.32%。城乡居民点及工矿用地6459648公顷，占土地总面积的2.61%；交通用地1365832公顷，占土地总面积的0.56%；水利设施用地951288公顷，占土地总面积的0.41%。未利用土地55138096公顷，占土地总面积的22.34%。

（2）土地利用特点。土地利用以林业用地为主，林业用地面积占土地总面积的48.17%，是广西面积最大的土地利用类型。但与广西山地丘陵面积占土地总面积的75.6%相比，林业用地面积显得过小；而且在现有林业用地中，有林地只占66.85%，比重过低。今后必须努力增加林业用地面积，提高有林地的比重，以进一步改善全区的生态环境。全区土地利用率为77.66%，是比较低的。未利用地多，占土地总面积的22134%。未利用土地主要分布在岩溶山区。加快未利用土地的合理开发利用，特别是对岩溶山区的未利用土地进行合理的大农业利用，是生态环境建设的重要内容之一。由于广西山地丘陵多平原少，耕地资源也少，耕地面积只占土地总面积的18.56%，人均耕地0.096公顷，低于全国人均水平。此外，广西耕地后备资源不足。据农业区划部门跟踪调查，全区尚有待开发"四荒"资源共11041056公顷，其中，宜耕地738920公顷，占"四荒"资源

---

① 李纪方. 基于空间差异分析的云南省沿边境地区土地整理分区及其对策研究[D]. 云南财经大学，2012：36-38.

的6.6%。因此保护好耕地资源也是土地合理利用与生态环境保护的重要内容①。

4.3 中越沿边开发开放经济带建设人才科技环境分析

4.3.1 人才培养环境

4.3.1.1 中越沿边人才培养的高校合作

越南、柬埔寨、老挝、缅甸等国对我国改革开放以及经济发展所取得的成就十分钦佩和向往，现在每年都有相当的留学生在广西求学。因此，中越两国也较早在边境地区展开了互派留学生，发展留学生教育。

另外，随着中国—东盟自由贸易区的建成，西南地区与越南互到对方求学的学生越来越多，留学生规模逐步扩大。西南地区留学生数量在全国排名较为靠后，但西南地区的留学生数量逐年大幅增长，西南地区的来华留学生数量已经超过1万多人，其中多数来自东盟国家。云南全省52所普通高等院校中已有30所招收了东盟留学生，全省各高校招收的4500多名留学生中，60%以上来自东盟国家。云南高校的"走出去"战略提出：要建设面向东南亚、南亚的人才培养和培训基地，扩大招收东南亚、南亚留学生规模，争取到"十一五"末使来滇外国留学生达到12000人以上，派出留学生规模达3000人以上②。

近年来，广西的广西大学、广西民族大学、广西国际青年交流学院等院校每年都有大批越南、老挝、泰国等东南亚国家的学生前来学习。来自广西教育部门的统计表明，2001年以来，前来广西留学的东盟学生几乎每年以10%的速度增加。西南地区前往东盟留学的学生也日益增多，目前广西高校派往越南留学的学生已超过500人③。广西师范大学目前是国内接收越南留学生最多的高校。近十年来，共接收了1600余名越南长期留学生，近800名越南短期留学生。其中有120余位学生获得硕士学位，有近400位学生获得学士学位。越南留学生分布在汉语言文学、旅游管理、经济学、教育管理、体育、汉语教学法、汉英双语等专业④。学校还设立留学生奖学金，每年拿出80000元人民币，对品学兼优的留

---

① 周兴. 广西土地合理利用与生态环境建设探讨[J]. 热带地理，2001（2）：113－117.
② 张雪莲. 中国西南地区——东盟高等教育合作研究[D]. 厦门大学，2009：33－34.
③ 张雪莲. 中国西南地区——东盟高等教育合作研究[D]. 厦门大学，2009：33－34.
④ 韦玫. 中国—东盟背景下广西高度教育国际化对策研究[D]. 厦门大学，2009：68－69.

学生和留学生干部进行奖励。

4.3.1.2 人才培养的战略条件

(1) 面向东南亚高等教育国际合作的推动。云南在实施国际"大通道"战略过程中,是连接东南亚、南亚国家的桥梁,云南省委省政府指出为抓住中国—东盟自由贸易区建设和中国与东南亚、南亚国家全面合作的历史性机遇,应加快对外开放步伐,提高对外开放水平,推进高等院校实施"走出去"战略,进一步促进高等教育对外开放,提高高等教育对外合作与交流水平,积极推进与东南亚国家的高等教育合作与交流。

(2) 培养东南亚国际化人才规格的新要求。经济全球化和教育国际化是新时期世界发展的两大趋势,为此就必须培养大批具备国际意识、国际知识和国际交往能力,同时又适应区域经济社会发展需求的国际化人才。云南广西各大高校以服务区域经济发展为目标,遵循国际化人才规格新要求,推出了一系列新举措:一是改革人才培养方案,构建与东南亚国家经济社会发展相适应的专业课程体系,以适应相关产业和领域的发展趋势及人才需求;二是设计课程教学内容,建设特色教材,以反映相关产业和领域的新发展、新要求;三是优化师资队伍结构,加强师资队伍建设,完善教师培养和管理使用机制;四是树立以能力培养为核心的教学观念,推进人才培养与生产劳动和社会实践相结合,构筑多渠道、多层次实践教学平台。

(3) 开辟面向东南亚国际化人才培养的新途径。基于培养厚基础、高素质、强能力的复合型国际化人才,实现人才培养方案的理论化和系统化,增强国际化人才培养方案的实践针对性和区域特色性的教育理念,"面向东南亚国际化人才培养综合教学改革项目",并以此为切入点,开展更高层面、更深层次的教学改革实践,支持3个专业开展个性化、多样化的特色培养模式实验,遵循"拓宽口径、夯实基础、因材施教、分流培养"的原则,采取科研立项的方式进行,教学改革与创新得到进一步加快和深化,特别是专业结构、课程体系、教学内容和教学方法得到进一步调整和创新,已形成自己的特色;教学条件和教学基础设施建设进一步加快,学生的学习、生活环境得到进一步改善;教学运行机制、教学质量评估与监控机制进一步建立健全,教学管理规范化、制度化、现代化进程加快①。

4.3.2 科研开发环境

科研条件建设具有基础性、公益性和战略性地位,是支撑科技进步和创新,抢占科技制高点,提升科技竞争力的重要因素。因此中越沿边经济带的建设必须

---

① 伊继东. 创新人才培养模式的实践与思考——以云南师范大学国际化人才培养模式为例 [J]. 国家教育行政学院学报,2009,136 (4):7-9,23.

依靠科研的开发与建设。

广西认真实施"科教兴桂"战略,自治区科学技术厅、财政厅、发展改革委、教育厅于2006年9月印发了《"十一五"广西科技基础条件平台建设实施意见》,大力推进科研条件建设,积极构建具有区域特色和开放高效科研条件体系,初步建立了实验研究基地体系和大型仪器协作共用网、科技文献信息共享与服务平台、实验动物资源共享与服务平台等科研条件体系管理体制机制和制度体系,为广西自主创新提供了科研条件支撑与保障。但是,与全国各省市相比,广西创新基地基础能力薄弱、自然科技资源建设滞后、科研条件建设质量有待提高和运行管理机制建设有待完善等问题仍然比较突出。

实施创新驱动发展战略,强调科技创新,离不开科研条件支撑。加强科研条件建设对于加强区域创新体系建设,加快提升科研与开发能力,吸引、集聚和培养科技创新人才,对加快科技经济发展,改善民生和构建和谐社会具有重要意义。为了更好地实施创新驱动发展战略,进一步加强广西科研条件建设,推进区域创新体系建设,促进广西科研事业和经济社会发展,根据《中共中央国务院关于深化科技体制改革加快国家创新体系建设的意见》、《中共广西壮族自治区委员会 广西壮族自治区人民政府关于提高自主创新能力建设创新型广西的若干意见》和《中共广西壮族自治区委员会、广西壮族自治区人民政府 关于深化科技体制改革 加快广西创新体系建设的实施意见》精神①,进一步完善布局、支持和强化面向自治区重点领域科学研究、重点区域、千亿元产业、战略性新兴产业发展科技创新支撑和公共服务科研条件建设。加强自治区与中央、自治区部门之间,自治区与各市科研条件建设统筹安排与布局,提高现有各级科研条件平台物质装备水平和研发水平,推动其升级为国家重点实验室和国家工程技术研究中心等国家级科研平台。培育新建一批自治区重点实验室和自治区工程技术研究中心,实现自治区重点实验室和自治区工程技术研究中心对各科学领域或行业更大范围的覆盖。加强大型仪器协作共用网、科技文献、科学数据、农林作物、实验动物和医疗卫生等方面科研条件建设发展布局。着力培育和发展自治区千亿元产业、战略性新兴产业、高新技术产业和创新能力建设和信息化建设发展实验研究基地的建设布局以及能力的提升,推进各领域科研条件交叉融合与优势互补,逐步健全适应广西科技、经济和社会发展的科研条件体系。

加强与科研条件相配套的科技公共服务平台条件建设。围绕产业发展亟须科技公共服务,加强与科研条件相配套的科技创新公共服务平台建设。重点建设中国东盟科技合作与技术转移服务网络中心、科技中介服务平台、社会化农村科技

---

① 杨焱. 全面提升水利行业科技创新能力,为实现水利改革发展 新跨越提供有力支撑[J]. 广西水利水电,2013(3):1-4.

信息综合服务平台、国家星火科技培训示范基地、广西知识产权信息中心和广西公共卫生信息平台等。围绕服务科技成果转化和产业化,支持建立一批具有示范作用的成果转化和产业化示范基地。

鼓励高等院校、科研院所和企业向社会开放科研条件资源。引导高等院校、科研院所科研设施、设备、科学数据和科技文献等科研条件资源进一步向企业开放。鼓励公益类科研院所为企业提供检测、测试标准等服务。加大自治区重点实验室、自治区工程技术研究中心、广西大型仪器协作网和各类分析测试检测机构等向中小企业开放的力度。鼓励有条件的大型企业向社会开放科研条件资源。

4.3.3 技术需求环境

我国的技术需求主要表现为:国内产品供给结构不适应消费变动和生产发展的需要,特别是对高档次商品和对先进技术装备的需求;技术密集型产品(如电子信息、成套设备、精密机床等)大量依靠进口的状况没有大的改变。因此,调整经济结构、调整产业结构和技术升级,适应消费变动和生产发展的需要,使经济增长由数量扩张转向质量提高是今后一段时期面临的主要任务。

目前,中越沿边地带面临的技术需求主要有:

一是农业和农村工业的科技需求。我国是一个农业大国,又是人口大国,农业现代化是国民经济现代化的基础。我国中越沿边地区经济发展水平相对落后,要解决基础问题必须依靠技术创新发展未来农业。农业的技术进步应该成为产业技术进步的一个重点。要以生物技术和农产品深加工技术为龙头,促进我国农业由传统农业向现代农业转变,由粗放经营向集约经营转变。技术需求主要是:农业基因工程,绿色农用化学品,农业生物资源,动植物品种选育及种质改良,农业资源高效利用,现代集约化种养技术,农业生物灾害防治,农产品销售、储运、保鲜及深加工技术,现代畜牧,水产养殖、深加工及综合利用技术,旱作节水农业技术,生态环境保护以及农业可持续发展技术等。农村工业技术进步的方向是在一定时期内,把技术水平提高到我国产业技术的平均水平,根据不同企业的性质,可以发展成为拥有一流技术和管理的大企业,也可以发展成为城市大企业生产过程中的配套企业,或者成为当地农产品加工服务的企业,其科技需求是多层次的。

二是基础产业的技术需求。交通、通信、能源、原材料等基础产业是受新技术革命浪潮冲击最大的领域。中越沿边经济带建设的顺利展开就必须以基础产业为前提。今后一段时期,要加快运用高新技术和先进适用技术改造传统产业的步伐,大幅度提高我国工业技术装备水平,以电子信息技术应用为重点,对一些提高产业技术水平关联度高、带动作用大的技术和设备,组织联合攻关、仿制、创新和推广。科技需求的主要方面有:铁路重载技术、高速客运技术、大吨位车辆运输成套技术及现代城市轨道交通技术；民航飞机特别是干线飞机研制、民航飞行安全保障体系技术；发展铁路、公路、水运、航空、管道等现代化综合运输体系的相关技术；光缆通信、新一代移动通信和计算机网络技术；洁净煤、新能源和可再生能源技术；新材料的开发和环保节能技术等①。

三是第三产业的科技需求。第三产业的快速发展是推动中越沿边地区经济增长的重要力量，也是吸纳劳动力、扩大就业的主要领域，特别是以现代电子、网络和信息技术为手段的服务业是经济发展的新的增长点。加快第三产业的技术进步和发展，既能带动国民经济素质的提高，又能为沿边地带居民创造新的就业机会。因此要努力提高服务业的科技含量，增强服务业的竞争力，大力推动电子商务、远程教育、电子媒体等新兴服务业的发展，加快高新技术在通信、商贸、金融、会计咨询、法律、文化等服务领域的应用，重点是计算机网络服务、电话、电视和信息的联网服务的相关技术等。

四是新兴产业的科技需求。要选择市场前景好、需求弹性大、产业关联度高的产业和产品，作为加快高技术产业和新兴产业发展的突破口和战略重点。

电子信息：我国在微电子、计算机、数字高清晰度电视和通信设备等技术领域具有相对比较优势。在这些领域，只要集中力量，加大投人，加快产业化进程，就能够有效地带动越南沿边地区技术进步和结构升级。

生物技术：我国在基因药物、转基因作物、农作物基因图谱与新品种等方面具有相对比较优势，要重点突破。

新材料：重点是纳米技术、超导材料、超级新材料和高级复合材料及其应用等。

新能源与节能技术：重点是核能、太阳能、生物质能、风能、地热能和超导技术等新技术在节能领域的应用。此外，在海洋技术和国防技术领域，我国也有相应的优势和发展条件，要加强投入和发展②。

4.3.4 技术交易环境

中越双边，实现"科技兴贸"的目标，使之成为促进两国经贸合作的新增长点。

（1）农业领域。越南北部山区气候和土壤条件较适合种植小麦和大麦。2000年初，中国国内一些部门同越南高平、莱州等北部省份合作试点种植小麦和大

---

① 王伟中，郭日生，黄晶等．中国可持续发展战略实施的主要趋势［J］．科学学与科学技术管理，2001，22（3）：45-46．

② 王伟中，郭日生，黄晶等．中国可持续发展战略实施的主要趋势［J］．科学学与科学技术管理，2001，22（3）：45-46．

麦,当年即见成效。越南农业农村发展部和科技环境部对此十分重视,希望中方能协助在越南北部各省和中部西原地区推广小麦和大麦种植技术,以改变多年完全依靠进口的局面。我方在推广种植技术和出口麦种的同时,可考虑兴办一些面粉加工厂、面条加工厂和麦芽(啤酒)加工厂等,扩大双边合作。

(2)水产加工。目前,鱼粉是中国主要的进口水产品。越南水产资源丰富,年产量近200万吨,但加工能力有限,对水产次品利用率低。中国企业可考虑在越南投资兴办鱼粉厂,投入技术和设备,利用当地的水产次品进行加工,产品返销国内。此外,我国还可考虑投资加工虾蟹、鱿鱼、鳍鱼、叫卜鱼等越南产量较大,我国又有需求的水产品。部分产品返销国内,可满足广西、云南等省区的市场需求。

(3)工程机械。20世纪90年代以来,越南政府积极改善同西方国家和国际金融组织的关系,努力争取外援和贷款,大力发展基础设施建设,工程承包市场活跃,对工程机械需求较大。中国出口越南的工程机械主要有推土机、压路机、液压挖掘机、筑路机等,产品得到客户的认可和欢迎。中国企业可在积极扩大出口的同时,考虑在越南投资建立组装厂,既可带动零部件和技术出口,又可降低关税成本,增强产品竞争力。

(4)医疗卫生。中国医疗技术和中成药长期以来得到越南人民的信任。越南上至国家领导人、下到普通老百姓对中国中成药尤其中药保健品喜爱有加。中方可考虑同越南医疗部门合作,投资兴办医院或诊所,运用激光医疗、生物医药等高新技术,提高中国医疗技术知名度,同时带动国内技术设备出口。此外,中方还可在越投资办厂,生产能满足越南实际需要,技术含量和附加值较高的中成药品。

(5)电力和通信设备。越方对中方技术设备缺乏信任。鉴此,中国企业可考虑同在越南承包业绩好、信誉佳的西方国家公司合作。中方提供辅机,合作方提供主机,这样可利用中方设备的价格优势,降低成本,并利用合作方的名气共同投资,提高中标率[①]。

4.4 中越沿边开发开放经济带建设社会环境分析

4.4.1 文化环境

4.4.1.1 中越传统文化的共性、特点及相互影响

(1)中越传统文化的共性。中越两国都是多民族的国家,各民族都有自己

---

① 李振民.中越两国技术合作空间大[J].东南亚纵横,2001(7):27.

的传统文化。已故的越南国家主席胡志明在谈到越中关系时常常强调中越两个民族"同文同种，血统相通"，中越两国的传统文化同为儒家文化，如此相同的文化根基是历史形成的。越南置身儒家文化圈有着良好的基础，因为早在越南隶属中国封建统治时，中原文化，尤其是儒家文化和汉字就已远播越南。在越南独立建国之后，儒家文化在越南的传播也就更加广泛。越南的统治阶级利用儒家文化及其思想不断巩固统治地位，并不断发展和完善封建统治制度，这就使得儒家思想及文化作为越南这个国家的意识形态的地位也越来越稳固。此外，汉朝时汉字传入越南。从那时开始到后来很长的时间内，汉字作为统一的文字一直在越南使用，即使越南在独立后创立的文字也是以汉字为基础的。因此，长期以来，越南与中国可谓书同文、车同轨、行同伦。

（2）中越传统文化的不同特点。首先，中国文化源远流长，中国文明已经有五千余年的历史。它对其周围民族的古代文化产生过巨大的影响。在儒家文化圈内区别中越传统文化的主要特征表现，具有原发性的是中国传统文化，具有继发性的是越南传统文化，也就是说，古代中国文化是源，越南文化为流。其次，中国文化具有自主创造性。中华民族在长期与大自然做斗争的社会生活中，充分发挥主观能动性，自主创造了别具一格的思想文化——儒家文化。它代表了中国古代伦理道德及理论，在中国多年封建统治时期占据着统治地位，而且成为周边东亚国家传统伦理道德、政治和法律的依据。最后，越南文化具有移植模仿性。在越南隶属中国封建统治时期，中国文化带动了越南文化全面进步，中国文化的精髓被越南人民加以吸收和改造，构成了越南文化乃至越南民族特征的有机组成部分。越南著名史学家陈重金说，"国人濡染中国文明非常之深"这种影响年深日久已成了自己的国粹。因此，越南传统的主文化主要是对中国文化的移植和模仿。当然，这种移植模仿不是盲目照搬，越南人民在实践中也结合本国及其民族的实际情况，在一定程度上做到了去其糟粕而取其精华，在某些方面有一定的创新。

（3）中越传统文化的相互影响。文化的交流和影响是双向的。在相互的交流过程中，中国传统文化处于主导地位。然而，强国文化也会部分地受到弱势文化的影响，甚至会吸收弱势文化的一些精华，充实和丰富自身的文化。因此，在中越文化交流过程中，越南文化也对中国文化产生过影响。例如，火药制造从中国传入越南后，在越南发展很快，越南人黎澄将火器制造技术传入中国，对于抗击倭寇发挥了积极作用。越南的农作物和水果，如双季稻、龙眼、荔枝等也传入中国，丰富了中国人民的饮食结构和食物来源。越南人民用土特产如肉桂、砂仁、沉香、犀角等换取中国的瓷器、茶叶、丝绸等，大大丰富了两国人民的物质文化生活[①]。

4.4.1.2 中越文化交流

(1) 物质文化交流。在教育方面,据中国驻越南大使馆网站透露,目前,越南赴华留学生人数已超过16000余人。这些留学生在学成归国后,不仅为越南的社会经济建设贡献出自己的力量,而且也成为推动中越两国友好关系稳固发展的重要力量。中国在越留学生人数逐年增长,以与越南临近的广西、云南等地在越留学生居多,在越中国留学生共计2000余人。国家汉办派到越南工作的汉语教师志愿者共有10名,分布在越南国家大学下属外语大学、越南国家大学下属社科人文大学、河内大学以及老街汉语培训中心。此外,由国务院侨办下属的昆明华文学校也派出了2名汉语志愿者教师到河内第二师范大学任教。汉语教学在越南对于汉语人才的需求逐年增长,汉语教学近年来发展较为迅速。目前越南开设有中文系的高校大约有近60所,进行汉语教学的中学有近10所。卓有成效的文化教育交流为两国关系发展注入了新的活力。

在艺术方面,2010年12月为庆祝中越建交六十周年,中国代表团带着中国人民对越南兄弟姐妹的深情厚谊来到越南访问,为推动两国全面战略合作伙伴关系做出了贡献。2013年5月河南嵩山少林寺武功基地和郑州市杂技团组成了河南省杂技团,在河内、胡志明、海防市进行了8场友好演出。演出得到了越南观众的接受和喜欢,更有利于带动中越之间的文化交流。

在影视方面,中国的许多著名电影作品都在越南大城市电影院上映过,深受广大越南影迷们的喜爱,如《画皮》、《赤壁》、《花木兰》等。中国电视剧作品几乎每天都在越南各家电视台的多个频道上热播,收视率可观,如《水浒传》、《射雕英雄传》、《西游记》、《红楼梦》等。同时,越南近几年来也有一些著名影片在中国大陆上映,如《夏天的滋味》、《迷失天堂》。此外,中越双方也联合制作拍摄一些纪录片或电影,如《胡志明主席在云南》、《河内,河内》。

(2) 制度文化的交流。2011年的《中越联合声明》继续强调,要"有效落实《中越两党合作计划(2011~2015年)》。办好两党理论研讨会,加强治党治国经验交流,扩大和深化党政干部培训合作,适时举行两党对外部门和宣传部门交流合作机制部长会晤"。越南165计划项目是越共中央组织部为大规模培养越南党政干部的一个干部涉外培训项目。自2009年以来,广西民族大学承办的越南165计划项目培训了一大批越南党政领导。其中,为河内市委组织部举办了22期党政干部短期培训班,共培训学员384名。从2003年开始,迄今中越已经举行了9次两党理论研讨会,每次研讨会都事先选定一个前沿的主题,两党高层代

---

① 杨建娣. 中国—东盟视野下中越边境贸易中的文化交流及建议[J]. 南宁职业技术学院报, 2013, 18 (2): 32-35.

表做主旨发言,让两党充分地交流治党治国的经验,相互取经学习,不断丰富马克思主义执政党的理论内涵。

(3) 价值文化的交流。如今越南儒家思想作为一种统治思想而存在于越南,已不合时宜。但其中有价值的因素,具有生命力的成分,仍在越南继续发挥其积极作用,如儒家"民为贵"在当代越南被演绎成"主权在民"、"属于人民"、"决定于人民"、"源于人民",儒学在越南的痕迹也是明显的,经过两千年的浸润传播,儒学已渗透到越南人的思想行为、思维方式、情感状态和风俗习惯之中,在越南民族的文化心理结构上留下了深厚的积淀。"秀才"、"生员"、"举人"、"进士"分别对应当代越南的高中生、大学生、硕士、博士。在越南社会科学院仍被称为"翰林院"。越南在塑造社会主义新人的过程中,汲取了儒家的诸多思想文化资源①。有的越南学者提出,儒学的价值观,对于21世纪越南新人的形成具有重要的作用。儒家思想给予今天越南人不少启迪,为今天越南培养一代新人提供了许多教益和借鉴。

4.4.2 就业环境

中越沿边经济带的建立,一方面使广西高校毕业生就国际化道路得以拓宽,另一方面也使广西高校毕业生的就业环境变得更为复杂。在这个复杂的国际化就业市场,存在着许多不确定的因素。

首先,中越沿边经济的开发有利于拓宽电子商务人才就业的新渠道。当前,电子商务方兴未艾,电子商务人才需求量巨大。但根据有关数据表明,近年来电子商务专业应届毕业生就业率仅为20%,而全国普通高校毕业生就业签约率已达47%,显然,电子商务专业应届毕业生就业率远远低于全国大学生就业平均水平。高校作为电子商务专业人才的输出地,要解决电子商务专业人才就业难的问题,除了要完善电子商务的人才培养机制外,更重要的是要拓宽电子商务的人才就业渠道。电子商务的人才培养,应该本着立足地方、联手世界的原则,并结合电子商务人才培养的现状和地方经济建设和发展的具体情况,努力挖掘中越沿边经济发展的人才需求。通过打破传统的惯性思维,构建科学合理的课程体系,改进电子商务人才培养模式,多方寻求电子商务专业学生就业率有效对策。

其次,中越沿边开发开放经济带的建立和发展将会给电子商务人才就业提供新机遇。区域经济一体化和中国—东盟自由贸易区的建立,为中国与东盟国家的经济发展插上了腾飞的翅膀,加上中国东盟博览会成功举办,为中国和越南经贸合作提供了新的、务实的合作平台,极大地推动了中国与越南在投资、贸易、旅

---

① 赖兆年. 论21世纪初的中越文化交流 [J]. 湖北经济学院学报(人文社会科学版),2014(5):93-95.

游、会展和物流等领域合作与交流。中国—东盟自由贸易区的贸易、投资和电子商务的进一步发展，有力地促进了中越两国在信息通信领域的交流与合作，也激发了高素质的电子商务人才的需求。另外，随着中国—东盟自由贸易区建设的全面推进，中越两国经贸合作与经济开发也是齐头并进。目前，人力资源的跨国流动和优势互补，可以说是现阶段中越双方出现深度合作与加快融入的一个新标志和新动向。

作为一种新的商务活动形式，电子商务理论和实践在不断的发展，电子商务对人才的需求在不断的变化，高校对电子商务人才培养的认识也在不断探索和完善之中。应通过建立一种基于需求的人才培养体系，把知识教育、能力培养与地方经济发展和建设紧密结合，积极培养中越沿边开发开放经济带发展急需的电子贸易、电子服务等专业人才。同时加强学生就业指导的专业性，抓住中越沿边经济带建设的美好契机，并搭建和促进毕业生就业的服务平台，打开越南的人力资源市场大门，建立一条电子商务专业学生就业的新渠道，更好地为中越沿边经济带建设服务①。

最后，中越沿边经济带的建立与发展，对广西高校毕业生就业国际化来说既是机遇也是挑战。一方面，经济带内就业市场壁垒较少、流通性好、国际交流多、联系比较密切等，这些为广西高校毕业生就业国际化提供了机遇；另一方面，就业市场的竞争主体增多，竞争水平提高，竞争压力加大，这对广西高校尤其是一些实力较弱的高校来说也是一种较大的挑战。因此，广西高校必须要明确自己的适应性主体地位，积极主动地参与到复杂的就业环境系统中去，在与其他适应性主体互动的同时，及时调整自身的结构和行为，促进适合自己的发展模式的涌现，以保证自己在就业国际化的竞争中立于不败之地甚至站在竞争的高层②。

---

① 吴肖云，刘丽君. 东盟，电子商务人才就业的新渠道［J］. 福建电脑，2007（3）：19-20.
② 蔡其明. 广西高校毕业生就业国际化思考——基于中国—东盟自贸区背景和复杂适应系统理论［J］. 中国大学生就业，2013（24）：3-6.

第5章　中越沿边开发开放经济带建设障碍因素识别与实证分析

5.1 中越沿边开发开放经济带建设障碍因素识别

5.1.1 基础设施因素

基础设施建设是经济发展的重要保障之一，也是促进两国贸易顺利发展的重要条件。交通运输、仓储设施、检疫检验设施等配置都是为了提高物流运送效率而设置的基础设施，对于促进贸易发展、降低运营成本有着巨大的作用。

就目前看来，中越沿边经济开发开放经济带在基础设施建设方面有着巨大的不足，成为了阻碍经济带建设的重要原因之一。总体来说，中国沿边的基础设施总体上要优于越南，这对中越沿边经济开发发展带来了阻碍。

中越的沿边地区是属于喀斯特丘陵山区，高低不平，道路曲折，因此，一个好的交通设施将会对经济发展有着很好的促进作用。

在公路方面，目前看来，越南边境地区的一级公路质量较差，不仅弯道多，而且边贸市场之间直接互联互通的公路稀少，并且道路等级低。与此同时，市场通向口岸的交通道路网络布局不够合理，经常会发生货车拥堵、运输困难的现象，从而降低了物流运送效率。在铁路方面，越南还在运用非国际标准的铁路轨道设施，对于中越国际列车的对接产生了巨大的麻烦，从而直接影响到了中越贸易的往来和旅游业的发展。海运方面，窄小的海运道路，相对较弱的吞吐能力，落后的海运基础设施，直接制约了海运物流的运送效率。循公河至澜沧江国际水运航线不通畅，海盗河盗盛行，边贸物流人员的生命财产安全受到了严重的影响。空运方面，虽然目前有所进步，但是受制于空运价格昂贵、货物运输量小，在中国与越南沿边经济带建设中的物流运输所占比例很小。基础设施中的物流设施的不完善，致使中国与越南沿边经济带建设中货物物流成本较高。①

在政府规划方面，基础设施一直缺少直接扶持，投入资金不足。投资量大，具有较高的外部性和风险性，是基础设施等公共物品前期的基本属性，所以很难吸引私人投资。在中越边境沿边的省份中大多数属于经济落后地区，地方财政相对比较困难，所以政府在道路、仓库、检验检疫等经济发展基础设施的资金投入方面长期不足，这就间接影响了边境贸易企业和边民对于沿边经济带建设的热情。

在越南方面，由于政府的资金有限，对于公共物品的基础设施建设并没有统一规划，缺少吸引民间投资的能力，而且目前越南也并未在税收、贷款、担保等方面制定出优惠政策来鼓励民间投资基础设施建设，使中越两国边界发展较为悬殊，横穿两国的车辆可以明显感觉到两国基础设施发展的不均衡。以与越南接壤的广西边境县市凭祥为例，虽然凭祥市经济总量不大，财政收入不多，难有多余的财力投入城市基础设施及口岸建设。但是由于有广西壮族自治区政府的高度重视，广西财政已经投入了 3 亿元人民币用于凭祥中越边境经济合作区的前期建设，已经完成了 2.73 平方千米的边境贸易区配套监管设施、5.77 平方千米的凭祥国际物流园和友谊关电子口岸前置核放区及其他附属工程的建设②。

中越两国的边境地区经济发展比较滞后，越南的跨境经济贸易活动主要集中在莱州、奠边、老街、河江、谅山、高平、广宁这些省区，而中国主要集中在广西、云南等省区，这些省区地理环境较为复杂，不利于大规模的构建基础设施。

连接中越两国的水路、铁路、公路和航线等主要的交通基础设施比较落后，越南海防是中越沿边经济带建设的重要通道，但是该海防港基础设施落后，吞吐量小，道路狭小；越南首都河内到谅山再到友谊关之间的国道道路质量差，路况恶劣。③ 在口岸设置方面，部分地区没有设置国门、验货场和储货场；有大约 30% 的边贸互市市场没有公路相通，50% 的边贸互市市场互通的公路质量差，等级低，货车运输困难。甚至部分边贸互市和口岸的水电供应都比较困难，邮电、通信设备都比较落后。

在中国方面，以东兴为例，在供电供水方面，东兴的缺口很大，长久以来是无法适应现代工业发展的；不少商家在大街小巷地做买卖，边贸的发展受到了严重的限制；在交通基础设施方面，东兴的互联互通尚存在障碍，成本高，道路不畅通，因为交通基础设施在沿边经济带建设中占据了主要的位置，所以这些落后

---

① 齐璐. 广西与越南边境贸易发展现状及对策研究 [D]. 西北民族大学，2014.
② 刘建文，雷小华. 广西中越跨境经济合作区的前景、问题和对策 [J]. 东南亚纵横，2010 (6)：32 – 35.
③ 卢品慕. 中越经济贸易合作 SWOT 分析 [J]. 中国证券期货，2013 (3)：148 – 150.

的基础设施建设都成为了中越两国建设沿边经济带的主要障碍之一。要发展沿边经济带,基础设施建设不可忽视,从一定程度上来讲,基础设施越完善,贸易就越发达,经济发展就越好。

5.1.2 政策制度因素

目前,中越两国同属于社会主义发展中国家,双方都在摸索着市场经济发展的规律。但是目前市场的机制仍然不够完善,政府在经济部门中依然起着主导作用。在越南方面,政府可以随时通过颁布决议、通知等形式的文件来对各种进口产品的种类以及数量进行控制,从而干预了整个沿边经济带的建设。如表5-1所示①。

表5-1 多变的越南政策

时间	政策内容	发布部门
1997年5月	禁止进口钢铁、钢坯、钢卷、水泥、建筑玻璃、运输工具、纸类、糖业类、电扇、自行车、摩托车等商品	越南贸易部
1998年	禁止部分商品出口,并对纺织品、大米、石油、化肥等一些商品实行进出口配额	越南政府
1999年4月	从5月5日起对进口蛋品实行许可证管理	越南贸易部
1999年7月1日	从8月1日起对15类进口商品实行计税最低限价。(上述实行的计税最低限价15类商品和实行许可证管理的7类进口商品,大部分是我国向越南出口的轻工产品、日用消费品及建筑材料)	越南财政部
1999年7月15日	从8月15日起增加7类进口商品实行许可证管理等规定	越南贸易部
2002年1月7日	从中国进口水果200吨以上需要产地证	越南谅山省贸易厅
2002年	自2002年2月20日起,越南对从中国进口水果和农副产品提高计税价格,幅度约15%。(至2003年5月又停止执行该规定,恢复执行原来规定)	越南海关
2008年5月	从6月1日起出口煤炭必须通过正规的贸易途径及银行的结算方式,暂停边境小额贸易煤炭出口	越南工贸部
2008年7月	制定减少进口商品逆差相关方案,对原材料、机械设备等商品的进口总值进行了规定,并出台多项限制政策。大幅度提高资源性产品的出口关税	越南工贸部
2008年10月	暂停砂石(含河沙、海石和海砂)建筑原材料进口。降低原油和部分钢铁出口关税	越南财政部

---

① 谭慧. 人民币区域化在广西中越边境贸易及边贸结算中的实证研究[D]. 西南财经大学, 2009.

由表5-1可知，越南方面多变的政策对我国沿边经济带的建设造成了重大的障碍。从2004年起，我国就已经取消了越南水果的减半征税政策，但是我国对越南出口的商品却也采取了提高税率、提高计税基价等方法来限制我国商品的出口；在矿产能源方面，我国限制了资源性产品的出口，使得越南部分钢铁厂无法正常生产，相应的，越南也限制了锰矿、铁矿等各类矿石的出口，因此通过广西的各类矿产资源减少幅度非常大。另外，根据相关企业反映，即便是同一个商品，在芒街口岸的通关缴纳的税费也比其他口岸的要高，例如，一套实际价格为60元的中国生产的燃气灶，在芒街口岸就需要150元的越海关关税。

越南经济实力和产业竞争力相对较弱，为了保护本国企业，应对外来产品的竞争压力，越南奉行着"鼓励出口，限制进口"的贸易策略；通过海关限制、数量控制、提高关税、固定配额等方法来保护本国的地方民族产业。如越南对70多种商品进行了进口许可证管理，其中就包括有药品、医疗设备、通信设备、印钞机械、化肥、农药、化学制品、植物油、钢材、食糖等；对于煤炭、矿产资源等多种产品进行了出口配额限制，两国无法进行正常的贸易往来。外国企业在越南很难独立经营开矿、采油、公交、海运、航运、国际电网等领域；甚至部分领域，越南政府要求外国企业产品出口达到80%以上，包含了食品加工、家用电器组装、服装、制鞋等。在项目招标中，竞标的外国公司必须同当地企业联合或承诺分包给当地公司，否则不准参加投标；中标的外国公司必须优先选用越方技术人员和工人，外方只能选派少量技术和管理人员参与项目管理；施工中使用的原材料和机械必须优先在当地市场采购。民航票价、水电费、邮资费、旅游门票等均实行双重价格，对外资企业和人员的收费标准均高于国内标准。① 越南如此多变的政策和严格的限制，对于中越沿边经济带开放开发建设造成了巨大的障碍。

近年来，我国正在不断地调整沿边经济带建设的管理办法和贸易政策。总体来说，各项优惠政策不断弱化了，比如，我国取消了对于原产地为越南的水果的边境贸易税收减半的优惠政策，取消了多种进口商品的优惠政策，对于焦炭、粮食的出口配额减少了许多，而且限制也越来越严。再者，对于资源性产品，从越南进口也没有政策优惠的支持，对于边贸互市的商品、数量、货值也加严管制，也没有边贸加工政策的扶持。而且，在出口退税方面，用人民币结算的边贸却无法长期享受这一待遇。早在1994年，我国为了鼓励企业出口创汇，由国家税务局颁布的《出口货物退（免）税管理办法》中说道，企业必须收取外汇，方能享受退税。这就是说，如果企业用人民币进行贸易结算，那么企业将会承受出口

---

① 卢品慕. 中越经济贸易合作SWOT分析［J］. 中国证券期货，2013（3）：148-150.

退税的损失,这样必将会导致企业的运营成本上升,从而降低商品的竞争力。不少企业采用了不规范的增值税缴纳方式来避免出口退税的损失,来增加商品的出口竞争力,那就是不采用人民币来进行结算,而采用美元来结算,这样我国企业势必在价格上要作出相当的让步,才能让对方支付美元。但是越南短缺的外汇储备,使得越南商人通常选择通过"地摊银行"①来将越南盾与美元进行兑换,然后再交付中国的企业,这样不仅增加了企业的经营风险,也使得监管当局对企业的行为无法进行精准的把控,从而使企业违规的行为增多②。

5.1.3 教育人才因素

从理论上来说,人才是指"在生产和服务等领域岗位一线,掌握专门知识和技术,具备一定的操作技能,并在工作实践中能够运用自己的技术、能力进行实际操作的人员,主要包括取得技工、技师及其他相应水平或拥有各种技能的人员"③。在21世纪,技术人才作为推动科技创新发展和科技成果转化的重要力量,是国家经济建设开放的主力军,由此被称为经济发展增加的间接指标和经济发展的重要推动力。由美国经济学家卢卡斯、西奥多等提出的新经济增长模型中,都向我们阐述了知识、技术、技能在现代经济增长中的重要性④。不可否认,人才的开发培养和教育事业的推动是促进经济增长的重要因素之一。

长久以来,由于中越沿边地带远离国家政治、经济、文化中心,由此使得中越沿边地区经济发展较为滞后,教育落后。从表面上看来,经济发展的缓慢与人才匮乏、教育落后、人口文化素质偏低不无关系。由于中越沿边经济带多为边疆地带,在区域性的封闭环境下,人民对于人才重要性的认识受到了严重的制约。基于历史与现实的各种因素影响,中越沿边地区的技能人才队伍建设缺乏长远的规划,缺少相关吸引人才的政策制度的建设实施更是地区性人才缺失的更深层次的因素。虽然近几年来中越沿边不少地区均出台了各项人才队伍建设的举措,但是监管不严、落实不到位、可操作性太低,再加上封闭的技能人才管理制度与开放性的市场经济不相容,极大地限制了中越沿边地区经济带人才开发管理的进程。

---

① "地摊银行"是中越边贸发展的一种特有现象,是越方民间专门从事人民币与越南盾,或者美元与越南盾之间现钞兑换业务的摊点。与中国东兴市一河之隔的越南芒街市,有类似于中国小商品市场的"地摊银行"。
② 谭慧. 人民币区域化在广西中越边境贸易及边贸结算中的实证研究[D]. 西南财经大学,2009: 36-37.
③ 梁树戈. 佛山市中职教育校企合作的现状及对策研究[D]. 广东技术师范学院,2013: 33-34.
④ 马惠萍. 论云南沿边经济带技能人才开发与民族地区经济发展[J]. 云南行政学院学报,2014(3): 173-175.

2013年，全广西的专业技术人员为313582人，其中与越南相接壤的凭祥市仅有1616人，占比0.52%，东兴市有1827人，占比0.58%①，由此可见，专业人才的匮乏严重制约了当地的经济发展。以东兴市为例，其高级职称的人员比例较低，其中拥有重要影响的国内外、省内外的技术、学科带头人不多，能够引领特色产业发展的专业性人才稀少，在经济发展领域的专业性人才更是短缺。虽然东兴的当地居民在以前就开始凭借语言的优势与越南方面直接开展沿边贸易活动，但是涉及当地商业环境，需要进一步了解东盟的专业型外贸人才较少，旅游、金融、对外贸易、高新技术开发者等人才严重不足，尤其是关于法律、管理、经济、面向东盟贸易的高层次复合型人才更是凤毛麟角。

目前在中越沿边地区的人才专业结构分布方面更是存在着诸多不合理的地方，当地人才大部分来自于本专科院校、夜校、党校的文科专业的毕业生，人才分布呈现"四多四少"的现象：政治型干部多，经济型干部少；行政型管理干部多，业务型管理干部少；文化教育型干部多，科学技术型干部少；封闭型干部多，开放型干部少②。尤其是基层一线的企业管理人员，科研技术人员十分缺乏。

沿边地区在人才引进和人才培养方面都比较薄弱，在医疗卫生、教育事业、农业科技等方面的研发人才也是十分稀缺；在人才引进方面，由于相关的政策优惠力度不足，无法有效吸引外来人才，引进人才的环境急需优化，极大地限制了中越沿边地区的人才引进；在人才培养方面，中越沿边地区普遍高等教育事业比较落后，人才的培训工作比较缓慢，这些因素在一定程度上制约了中越沿边经济的发展。

在教育方面，由于长期经济落后，沿边地区的政府财政力量严重不足，使得往往把有限的资金投资在最需要解决的经济建设和人民迫切需要解决的问题上，而忽视了教育事业的投资，使教育事业的发展缺少了必备的物质基础。不管是办学质量、师资力量，还是教育的基础设施条件，均落后于全国平均水平，造成了区域性人口文化基础较低、职业技术人员培养不足等特点。在义务教育方面，许多决策者均存在重发达城市而轻落后地区的观念，从而造成了义务教育经费配置不均衡的现象，例如，广西壮族自治区财政厅、教育厅《关于下达我区中小学公用经费标准和预算内公用经费拨款标准的通知》（桂财教［2004］31号）规定：每生每年公用经费，城市小学为200～300元，县镇小学为160～260元，农村小学为120～220元，城市初中为250～400元，县镇初中为260～350元，农村初

---

① 数据来源于《广西统计年鉴》(2014)。
② 黄学敏，王丽华．西部少数民族地区人才资源开发探析［J］．中国西部科技，2003 (4)：15 - 16．

中为 150~270 元①。明显可以看出，在教育经费配置方面，由于发达城市和落后农村存在差别，而且由于地方财政力量有限，这些标准一般只能按照最低限额来实行，成为了中越沿边地区教育事业发展的重要障碍。

而且政府在教育方面的重心往往只是放在基础教育这些方面，而忽视了职业培训、技能培训对经济发展的重要促进作用，在这些方面的政策、经济支持力度都较为薄弱。

总的来说，制约中越沿边教育发展的障碍有教育基础设施落后，西部地区教师信息化掌握程度低，教育经费投入严重不足，高等教育、成人教育资源开发不足等因素。这样的人才状况，将不可避免地使科技能力和知识能力无法得到质的提高，形成中越沿边经济带发展的一个重大瓶颈，制约其经济开放发展水平②。

5.1.4 科学技术因素

在古代，丝绸之路是一条融合东西文化，商品交流的通道；现代，建设"丝绸之路经济带"将成为我国沿边沿海地区发展的一个重大的历史机遇。中越沿边开放开发经济带的建设正是把握住这样的机遇，迅速发展，提高经济水平。中越沿边经济带的建设，其核心是产业体系国际化，而保障经济带的稳步发展最重要的动力引擎却是科技创新。繁荣的现代经济正是由组合变革的生产方式和技术创新所提高的生产力带来的，通过科学技术创新而提高经济增长，进而实现赶超，这是再度实现当年丝绸之路经济带辉煌的核心战略。也就是说，中越沿边经济带实际上是建设在高度开放开发环境下与区域性自主技术创新相结合的过程。

改革开放以来，我国通过引进、学习、模仿国外先进技术，避免了自行研发的昂贵代价，节省了宝贵的赶超时间，获得了高速的经济增长。在 2008 年之后，经济高速增长的"中国奇迹"发生了变化，因为其发展环境和发展基础发生了根本性的改变，不协调、不均衡、不可持续这些曾经隐藏在"中国奇迹"背后的问题不断凸显，过于强调"制造"而非"创造"的产业，过于强调"模仿"而非"创新"的技术，科学技术的研发投入尚未成为发展经济的重点。而在中越沿边经济带建设的背景下，实施基础建设的互联互通和技术创新的相互开发，是保障其经济发展的重要战略。

近年来，科学技术的创新对社会和经济发展的推动作用越发明显，一个企业必须具备科学技术创新和产品质量优势，才能拥有走出国门的竞争力。

从产业结构上来看，中越沿边经济带也出现了以下问题：①边贸产品结构过

---

① 李露. 超越与差距——中越边境地区初中教育经费投入问题研究 [C]. "公平、质量、效率：农村教育政策的抉择"国际学术研讨会论文集，2009.

② 曾珊. 广西东兴沿边开发开放实验区战略研究 [D]. 中央民族大学，2012：33-34.

于单一，这是长期存在于中越两国的问题。目前来说，中国从越南进口的产品主要是农产品和水产品，还有一些矿产资源，如水果、大米、原油、天然橡胶、煤炭等，高附加值、高技术含量、服务类产品很少，贸易中交易的产品层次水平较低。从商品构成来看，单一的产品结构层次会直接影响到双方贸易发展的效果。目前中国向越南出口的产品的技术含量，商品附加值正在不断地增加，但总体上高技术水平、高商品附加值的产品比重仍然不高，均为一些机械设备、成品油、轻工产品、建材、食品、鞋类、化肥、纺织品等的制成品。②高技术含量和高商品附加值产品所占比例小。由于越南出口到中国的商品结构中多为以原料形式的低商品附加值产品，主要为一些农产品或者简单加工的制成品，有些甚至没有任何的保鲜措施，产品的技术含量和附加值很低，限制了越南产品的市场扩张，产品的长途运输能力和市场竞争力不强。中国的产品虽然比越南的产品相对较好一点，但是仍然比不上发达国家的产品，并且在技术和品牌上也并未取得越南广大民众的信任。在具有高技术含量、高产品附加值的科学技术领域，中越之间的合作极少，使得经济带的建设发展后劲不足①。③服务业发展滞后。在第三产业方面，旅游业一直都是双方共同需求的。根据越南旅游局公布的资料称，2013年全球一共有757万人到越南旅游，其中中国游客就有190万人，占比25%，为赴越国际游客之最。由此可以看出，旅游业的蓬勃发展将会极大地促进越南的经济发展，而其中中国的贡献最大。但根据目前的情况来看，越南尚未有可以称为优势的服务业和贸易产品，越南的酒店、餐馆、交通的质量仍然不高，服务水平低下，缺乏良好的环境来吸引游客和投资者，制约着中越沿边经济带的建设。④沿边地区加工业发展滞后。由于沿边地区的财政都比较困难，无力在短时间内改变当地的交通、水电、通信等基础设施，也无力吸引培养出一大批技术人才，从而影响了沿边地区加工业的发展，难以吸引外来企业来沿边地区投资办厂。没有了外来企业的刺激，没有加工企业的带动，产品架构单一的地区很容易受到市场波动和经济影响，而且收益不高，发展后劲不足②。⑤企业规模小，实力不足。目前中越沿边地区的企业规模普遍较小，资金缺乏，人才不足，抗风险能力差，竞争能力不足，无法进行国际市场的开拓行为。某些企业更是管理观念陈旧，过度依赖于政府部门的扶持，不积极去适应市场经济行为，经营管理水平低下，对中越沿边经济带的建设发展起到了阻碍的作用。

在物流方面，中越沿边地区的物流仍然是处于低下的水平。中越两国陆地的边界线长度为1347千米，目前已经开放了11个国家级的边境口岸（云南4个：河口、天保、金水河、思茅港；广西7个：东兴、凭祥、友谊关、水口、防城

---

① 齐璐. 广西与越南边境贸易发展现状及对策研究［D］. 西北民族大学，2014：68-69.
② 谭舒尹. 中越边境贸易发展策略研究［D］. 中央民族大学，2012：33-34.

港、钦州港、龙邦），以上口岸以公路、铁路、水路等多种运输方式形成了中越沿边地区的物流基础，加快了我国西部地区进出口商品的速度。但是目前由于通关手续烦琐，商品的流通环节较多，因此提高了物流的成本，由于中越贸易中农产品占据着重要的地位，但是农产品的仓储、运输、保鲜等因素造成了物流成本上升，最终影响了贸易物流的总量。受制于广西和云南的经济发展水平，中越沿边地区的物流仍然处于一个不成熟的阶段，物流技术水平、物流管理制度仍然较为低下，边境口岸的区位优势尚未得到很好的开发，高技术含量、高商品附加值产品的缺乏制约着物流技术水平的提升。简化通关手续、降低物流成本、发挥口岸优势是中越沿边经济带建设急需解决的重要问题。

5.1.5 社会文化因素

中越边境贸易发展的历史悠久，早在宋朝就已经开始了，距今已有一千多年的历史。在这期间，两国的贸易因为政府的政策或者战争等因素而出现过短暂的中止。而在文化方面，早在汉朝，儒家文化和汉字就已经传入越南，越南的统治者还为了传扬儒家文化，立文庙、建国子监、召集全国儒士来讲授"四书五经"，并在1075年时开启科举考试，选拔人才。儒家文化不断帮助越南统治者巩固其统治地位，尤其到了后黎朝时期，儒家文化在越南获得了至高无上的地位①。

由于儒家文化的盛行，汉字在越南也得到了很大的推广，即使到了1431年，越南脱离了中国的控制，宣布独立之后，创立了新文字——喃字，这种文字以汉字为基础创立，刚开始只流行于上层文人社会。到了17世纪，法国人来到越南，帮助越南创立了沿用至今的越南文字，该文字偏向拉丁化，虽然词汇上有75%来源于汉语词汇，但是形体上已经完全看不出汉字的踪影了。到了1945年，越南八月革命胜利后，越南语举国推行，汉语正式退出了越南。自此之后，汉语和越南语作为两种不同的语言，对贸易造成了一定的阻碍。

（1）在领土方面，渔业资源、海洋能源、盐业资源可观的南沙群岛在近年来一直都是中越关系中比较敏感的问题。由于南沙群岛还有被称为亚洲大陆架三大贮油地区之一的丰富石油，南沙航道也是东亚通往中东、非洲的主要航道，尽管在领土方面中越已经达成了一定的共识，但是在南沙群岛上也存在着一些短时间内难以解决的棘手问题。而南沙丰富的石油含量也使得这个海域充满了国际政治色彩，比如在1997年日本发布的《自卫白皮书》中就提到，国防问题的涵盖面扩大到南沙群岛，意图从经济利益和战略安全上为日本提供保护；1997年4月，美国和日本将南沙群岛列入了安保条约新防务合作方针中，意图使南沙争端

---

① 梁志明．论越南儒教的源流、特征及其影响［J］．北京大学学报，1995（1）．

国际化；2000年9月，俄越签署了合作开发越南大陆架油气的协议；印度也与越南合作对中国南海进行防务工作，使南沙问题更加复杂化。此外，2012年，中国新设立的三沙市也遭到了越南方面的强烈反对。所以，领土争端问题不仅影响着中越两国的政治关系，也影响着两国的经济利益。

（2）在台湾问题方面。在越战开始期间，越南与中国台湾地区的关系就比较密切。1975年南越政权倒台之后，总统阮文绍外交的第一站就是台北。20世纪80年代之后，越南实行改革开放，允许中国台湾地区商人来越从事贸易和开办工厂，十年之间越南与中国台湾地区的贸易关系不断攀升，中国台湾地区还在越南的河内、胡志明市设立了"台北经济文化办事处"，越南也在台北和高雄市设立了"越南经济文化办事处"，越南与中国台湾地区的经贸关系得到了实质性的进展。目前，中越两国还在共同推动"两廊一圈"①的区域合作计划，且两国早已在河内发表"中越联合声明"，全面阐述了两国关系发展、立场、合作的领域以及原则，越方表示支持《反国家分裂法》，支持一个中国的政策，支持中国的统一大业。但实际上，海峡两岸在越南地区的政治和经济的较量还会持续下去，但是世界格局动荡，难以预测，我们很难保证越南在处理中国台湾地区关系上会出现什么问题，这也势必会影响到中越两国的贸易往来②。

（3）毒品问题。跨界民族地区早已经成为各种毒品贩卖分子的走私天堂，这也使得跨界民族地区的社会关系日益复杂化。毒品的暴力也使得毒品贩子甘愿冒着巨大的风险来打开云南，走进中国市场，据统计，每年在云南缴获的海洛因和冰毒分别占全国总量的80%和70%，因此，毒品问题是两国之间存在的一个巨大的难题。要在禁毒方面取得成效，通过一国之力往往难以实现，这需要通过国际上的一个深入和广泛的合作才能达到。

2002年5月，中国、缅甸、泰国、老挝、越南、柬埔寨及联合国禁毒署在北京召开了东亚次区域禁毒合作高官会议。会议通过了《东亚次区域禁毒谅解备忘录高官委员会会议北京宣言》。2001年7月，双方签署了《中越关于加强禁毒合作的谅解备忘录》之后，越南在这方面明显有了进展，1990年罂粟种植面积约为0.43万公顷，鸦片产量为21吨；1998年罂粟种植面积约为0.04万公顷，鸦片产量为2吨。中国年查获毒品犯罪案件11万多起，缴获海洛因9290.8千克、鸦片1219.3千克、冰毒3190.9千克、摇头丸301万多粒。各类易制毒化学品300多吨，抓获毒品犯罪嫌疑人近9万名③。中越合作禁毒取得了显著的成效，

---

① "昆明—老街—河内—海防—广宁"、"南宁—谅山—河内—海防—广宁"经济走廊和环北部湾经济圈（简称"两廊一圈"）。
② 阮海英．中越经贸关系研究［D］．华中师范大学，2008．
③ 汪新生．中国—东南亚区域合作与公共治理［M］．北京：中国社会科学出版社，2005．

同时也表明了毒品问题不能掉以轻心，因其极容易影响到两国的贸易往来，甚至两国的关系。

近年来，不少越南消费者仍然认为中国的产品是无法和欧美日韩竞争的低劣产品，即使价格便宜，质量也不会太好。中国内地偶尔爆发几次的商品质量安全事件，更是加深了越南消费者对中国产品的不良印象。另外，越南政府和企业担心中国的廉价产品会对越南的民族工业产生巨大影响，阻碍越南工业的技术进步，因此对中国产品的贸易设置了一系列的限制。在国内，许多投资者对于越南政府的低效率和腐败行为十分介怀，不愿意对越南进行投资和承包工程。而一些敌对势力就利用跨界民族地区的文化、语言同一性的特点对中越沿边地区以宗教的名义进行迷惑、误导，以达到其政治目的，严重妨碍了中越沿边地区的经济发展。

5.2 中越沿边开发开放经济带建设障碍因素实证分析

5.2.1 模型选择

中越沿边"一带一路"经济带建设的障碍因素评价定量分析主要集中在模糊评价方面，类似基础设施、政策制度、教育人才、科学创新、社会文化等方面的障碍因素评价都无法用确切的数据来表示，其中各种障碍因素之间的联系又无法用一般的表示方法表达出来，无法分清楚各个障碍因素之间复杂的关系。SEM模型能够同时处理多变量因素，并且可以估算出变量之间的结构和联系，也就是说，SEM模型可以解决基础设施、政策制度、教育人才、科学创新、社会文化对中越沿边"一带一路"经济带建设的影响，以及各障碍因素之间的联系。

SEM（Structural Equation Modeling，结构方程模型），也有学者把它称为LVM（Latent Variable Models，潜在变量模型）（Moustaki et al.，2004）。结构方程模型早期被称为线性结构关系模型（Linear Structural Relationship Model）、协方差结构分析（Covariance Structure Analysis）、潜在变量分析（Latent Variable Analysis）、验证性因素分析（Confirmatory Factor Analysis）。通常结构方程模型被归类为高级统计学的范畴，属于多变量统计（Multivariate Statistics），它整合了因素分析（Factor Analysis）与路径分析（Path Analysis）两种统计方法，同时检验模型中包含的显性变量、潜在变量、干扰或误差变量之间的关系，进而获得自变量对因变量影响的直接效果、间接效果或总效果①。SEM 模型分析的基本假定与多变量总体统计方法相同,样本数据要符合多变量正态性（Multivariate Normality）假定,数据必须为正态分布数据;测量指标变量必须呈现线性关系。

在理论上的假设有限制、应用上有缺陷的传统多变量分析方法被 SEM 所代替,其所拥有一般统计分析的优点,还整合了路径分析、因子分析和其他一般统计检验的方法。SEM 综合运用了探索性因子分析（Exploratory Factor Analysis）、综合验证性因子分析（Confiramatory Factor Analysis）、路径分析（Path Analysis）、多元回归分析（Multiple Regression）及方差分析等统计方法,并进行改进提高。

SEM 模型也称为因果模型,是一种以动态系统中的变量关系为研究对象的模型。模型中包含有显变量、潜变量、误差变量等,显变量是由可测量表或者问卷等测量工具得到的数据变量,潜变量是指不能直接测量得到的数据变量,由显变量直接影响而表示的抽象概念。SEM 模型还可以分为内生变量和外生变量,内生变量是指会受其他变量影响,受其他变量解释的,被称为结果变量或因变量,其中可以被其他变量观测的称为内生观测变量,不能被直接观测的被称为内生潜变量;外生变量是指不受其他变量影响但是影响其他变量的变量,其中可以直接观测的变量称为外生观测变量,不能直接观测的称为外生潜变量。

由测量模型和结构模型组成 SEM 的主要内容,如图 5-1 所示,测量模型是由一组显变量来表示潜在变量的线性函数,其中每一个显变量都带有一个随机误差项,而其他模型的回归分析中并不具备这一特性。结构模型是指几个潜在变量之间的函数关系,如果仅考虑变量之间的关联性,而不研究变量之间的因果关系,那么就没有结构模型这一个部分了,那么此时的结构分析就和因子分析没有什么不同。如果变量可以直接测量出来,此时的结构分析就相当于回归分析了。

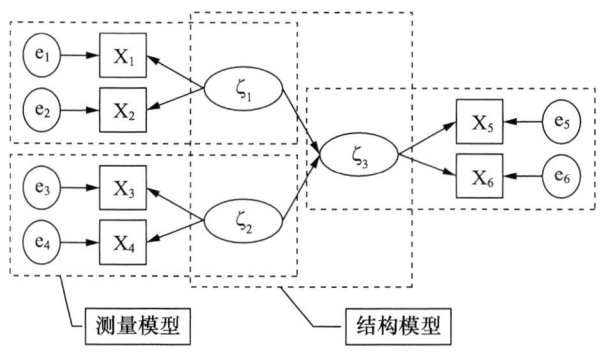

图 5-1　结构方程模型

---

① 石朝光. 基于产业链视角的蔬菜质量安全管理研究 [D]. 南京农业大学,2010:65-66.

在 SEM 的分析软件当中，除了常用的 LISREL 和 EQS 之外，AMOS 也是备受研究者及机构所喜爱的。AMOS 是 Analysis of Moment Structures（矩结构分析）的简写，隶属于 SPSS 家族系列的软件，SPSS 统计软件的高普及率是直接导致 AMOS 使用者越来越多的直接因素。AMOS 不仅可以进行各种 SEM 模型的分析，还可以进行潜在平均结构分析、因素结构不变性检验、因果结构形态不变性检验、协方差分析、多群组分析、多群组平均数检验等。AMOS 具有容易使用的界面，是窗口化的 SEM，可进行模型图的修改、浏览估计模型图与快速绘制 SEM 图形，评估模型的适配与参考修正指标，输出最佳模型。

根据中越沿边经济带的建设障碍的特殊情况，结合实际，综合以上 SEM 模型的优势、作用，所以在模型的选择上当首选 SEM 模型。

SEM 结构方程模型的建模步骤一般分为五步：

第一，模型的设定。根据结构方程建立一个初始的模型理论，建立一个因果关系的路径图。

第二，模型的识别。通过软件来求出模型的参数。若无法求出参数，则该模型无解。

第三，模型的估计。利用最大似然法或者最小二乘法来对模型进行估计。

第四，模型的评价。SEM 模型运用数据的拟合度来进行高低评价，以对模型进行进一步的修正和评价。

第五，模型的修正。当拟合度过低的情况下，需要运用对模型进行增加、删除、修改的方法对模型进行进一步的修正和重新设定[①]。

5.2.2 数据处理

数据处理的基本目的就是从大量毫无章节、难以解释的数据中提取有效、有价值的信息来进行分析处理。我们一般通过计算机来收集数据，再用相应的软件来进行分析和整理。

数据的采集通常通过问卷调查、网上调查、统计年鉴等方式来获取，但是由于种种原因，会出现数据缺失的情况，数据缺失的原因有很多种，如网络资料不全面、调查不完整、被访问者马虎回答或者拒绝回答等。所以数据缺失是不可避免的，因此在统计分析之前就必须考虑到数据缺失问题的应对方法。

在中越沿边"一带一路"经济带建设障碍因素中，我们要对大量的数据进行处理，找出各个影响因素之间的联系。

---

① 徐妍. 基于 SEM 的银行理财产品收益率影响因素研究 [D]. 华南农业大学，2013.

5.2.3 变量设置

在中越沿边"一带一路"经济带建设障碍因素中,基础设施、政策制度、教育人才、科学技术、社会文化都是潜变量,不可直接观测,需要通过显变量与潜变量之间的关系来表示。即使是潜变量之间也会相互影响,如政策制度会影响基础设施,政策制度会影响教育人才,教育人才会影响科学技术等。

在这里,我们设置内因潜变量为 Y,外因潜变量为 X_i,显变量为 X_{ij},由此可得中越沿边"一带一路"经济带建设障碍因素变量指标,如表 5-2 所示。

由于政策制度会影响到基础设施的变化,而教育人才会影响到科学技术的进步,社会文化方面也会影响到政策制度的制定,所以通过分析,我们可以得出各变量因素的关系,如图 5-2 所示。

表 5-2 指标设置

潜变量$_i$	显变量 X_{ij}	变量衡量指标
经济带建设障碍 Y		由 1、2、3、4 衡量
基础设施 X_1	道路建设 X_{11}	由中越道路建设货运量来衡量
	边贸市场 X_{12}	由中越进出口贸易总额来衡量
	电力供应 X_{13}	由中越边境电力消耗量来衡量
政策制度 X_2	税率变化 X_{21}	按影响力大小分为 5 个等级,影响最大为 5 分,影响最小为 1 分
	出口限制 X_{22}	按影响力大小分为 5 个等级,影响最大为 5 分,影响最小为 1 分
	企业保护 X_{23}	按影响力大小分为 5 个等级,影响最大为 5 分,影响最小为 1 分
教育人才 X_3	人才政策 X_{31}	按影响力大小分为 5 个等级,影响最大为 5 分,影响最小为 1 分
	人才数量 X_{32}	按影响力大小分为 5 个等级,影响最大为 5 分,影响最小为 1 分
	义务教育程度 X_{33}	按影响力大小分为 5 个等级,影响最大为 5 分,影响最小为 1 分
科学技术 X_4	科技创新 X_{41}	由发明专利数目衡量
	产业结构调整 X_{42}	由第三产业所占比例衡量
	物流技术 X_{43}	由货物中转量衡量

续表

潜变量$_i$	显变量 X_{ij}	变量衡量指标
社会文化 X_5	文字语言 X_{51}	按影响力大小分为5个等级，影响最大为5分，影响最小为1分
	领土争端 X_{52}	按影响力大小分为5个等级，影响最大为5分，影响最小为1分
	毒品问题 X_{53}	按影响力大小分为5个等级，影响最大为5分，影响最小为1分
	信任问题 X_{54}	按影响力大小分为5个等级，影响最大为5分，影响最小为1分

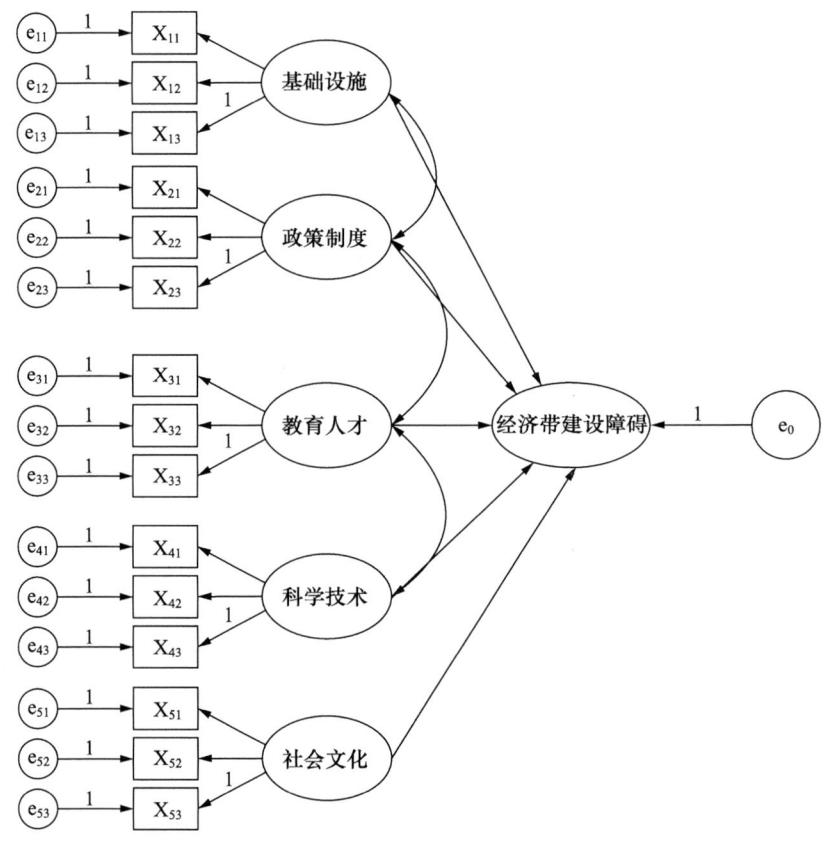

图 5-2　各变量因素图

其中，X_{ij} 表示显变量，e_{ij} 表示随机误差项。

第5章 中越沿边开发开放经济带建设障碍因素识别与实证分析

由此我们可以得到以上变量的假设关系式：

H_1：政策制度对基础设施的影响；

H_2：政策制度对教育人才的影响；

H_3：教育人才对科学技术的影响；

H_4：基础设施、政策制度、教育人才、科学技术、社会文化对经济带建设的影响。

5.2.4 回归结果及其分析

由收集到的数据整理后，利用 Amos 17.0 软件，运算得到的模型适配情况如表5-3所示。

表5-3 模型运行适配情况

适配指标	显著性 p	RMP	RMSEA	GFI	AGFI	CFI	NFI
适配标准	>0.05	<0.05	<0.05	>0.9	>0.9	>0.9	>0.9
实际值	0.212	0.048	0.060	0.932	0.903	0.865	0.825

从表5-3看，RMSEA、CFI、NFI还没达到适配标准，还需对模型进行修正，使得模型拟合度更高。

经过几次修正，最终得到修正适配指标，如表5-4所示。

表5-4 模型运行适配情况

适配指标	显著性 p	RMP	RMSEA	GFI	AGFI	CFI	NFI
适配标准	>0.05	<0.05	<0.05	>0.9	>0.9	>0.9	>0.9
实际值	0.750	0.017	0.022	0.998	0.988	0.966	0.952

从表5-4看，修正后的模型适配度都达到了适配标准，表明了此时的模型拟合程度比较好，可根据模型的路径系数进行评价。从修正后的模型看，误差值 e_{x12} 与 e_{x13}，e_{y11} 与 e_{y12}，e_{y21} 与 e_{y22}，e_{y41} 与 e_{y44} 存在某种潜在的共变关系。

将运行结构整理成如下矩阵方程式，得到潜变量与显变量之间的路径系数，如表5-5所示。

$$\begin{bmatrix} \eta_1 \\ \eta_2 \\ \eta_3 \\ \eta_4 \end{bmatrix} = \begin{bmatrix} 0 & 0 & 0 & 0 \\ 0.089 & 0 & 0 & 0 \\ 0.23 & 0.28 & 0 & 0 \\ 0.26 & 0.031 & 0.121 & 0 \end{bmatrix} \times \begin{bmatrix} \eta_1 \\ \eta_2 \\ \eta_3 \\ \eta_4 \end{bmatrix} + \begin{bmatrix} 0.61 \\ 0.24 \\ 0.66 \\ 0.58 \end{bmatrix} \times \xi_1 + \begin{bmatrix} e_{y1} \\ e_{y2} \\ e_{y3} \\ e_{y4} \end{bmatrix}$$

表 5–5　潜变量之间的路径系数

潜变量之间的关系	路径系数	潜变量之间的关系	路径系数
基础设施因素对政策制度因素	0.61	基础设施因素对教育人才因素	0.24
基础实施因素对科学技术因素	0.66	基础实施因素对社会文化因素	0.58
政策制度因素对教育人才因素	0.089	政策制度因素对科学技术因素	0.23
政策制度因素对社会文化因素	0.28	教育人才因素对科学技术因素	0.26
教育人才因素对社会文化因素	0.031	科学技术因素对社会文化因素	0.121

从表 5–5 可以清楚地看到，基础设施因素对政策制度因素和科学技术因素的影响最大（路径系数分别为 0.61 和 0.66），对教育人才因素和社会文化因素的影响最小（路径系数分别为 0.24 和 0.58）。

表 5–6　潜变量对显变量的路径系数

潜变量	显变量	路径系数
基础设施	道路建设	0.95
	边贸市场	0.78
	电力供应	0.88
政策制度	税率变化	0.66
	出口限制	0.23
	企业保护	0.80
教育人才	人才政策	0.59
	人才数量	0.92
	义务教育程度	0.18
科学技术	科技创新	0.84
	产业结构调整	0.56
	物流技术	0.35
社会文化	文字语言	0.19
	领土争端	0.78
	毒品问题	0.74
	信任问题	0.41

从表 5–6 看，基础设施因素中，道路建设的影响最大（路径系数为 0.95），边贸市场的影响较小（路径系数为 0.78）。政策制度因素中，企业保护的影响最

大(路径系数为0.80),出口限制的影响较小(路径系数为0.23)。教育人才因素中,人才数量的影响最大(路径系数为0.92),义务教育程度的影响较小(路径系数为0.18)。科学技术因素中,科技创新的影响最大(路径系数为0.84),物流技术的影响较小(路径系数为0.35)。社会文化因素中,领土争端的影响最大(路径系数为0.78),文字语言的影响最小(路径系数为0.19)。

第6章 中越沿边开发开放经济带建设基本思路

进入新时期，中越理想信念不变且相同，两个国家的前途命运日趋紧密相连，在社会主义建设事业中相互帮助、相互支持，丰富了双边关系的内涵，共同利益更趋广泛，务实合作成果丰硕。中越两国建立了全面战略合作伙伴关系，成立了双边合作指导委员会等多个合作机制，推动经贸、人文等领域合作取得显著成效。据中国海关总署统计，2015年上半年，中越贸易额约为2592亿元人民币，同比增长16.6%。其中，中国对越出口额约为1925亿元人民币，同比增长14.8%，进口额约为667亿元人民币，同比增长22.1%。中国已经连续11年成为越南最大贸易伙伴，越南成为中国在东盟内第二大贸易伙伴。

当前，中越两国都处于改革发展的关键时期。中国人民正在按照全面建成小康社会、全面深化改革、全面依法治国、全面从严治党的战略布局，齐心协力为实现"两个一百年"奋斗目标、实现中华民族伟大复兴的中国梦而奋斗。越南正在筹备越南共产党第十二次全国代表大会，加紧推进民富、国强、民主、公平、文明的社会主义现代化国家建设。在这一背景下，发展中越友好、深化互利合作，不仅是历史赋予我们的重要使命，也是推进各自国家建设的共同需求，符合双方的战略利益。

中越沿边地区是贸易往来的最重要的枢纽，提升这一地区的基础设施、完善金融业务、加快政府职能转变、培养高科技人才和文化产业等将能巩固整个中越贸易的基础和促进当地经济的发展。

6.1 中越沿边开发开放经济带建设的目的

2013年9月和10月，中国国家主席习近平在出访中亚和东南亚国家期间，先后提出共建"丝绸之路经济带"和"21世纪海上丝绸之路"（以下简称"一带一路"）的重大倡议，得到国际社会高度关注。中国国务院总理李克强参加2013年中国—东盟博览会时强调，铺就面向东盟的海上丝绸之路，打造带动腹地发展的战略支点。加快"一带一路"建设，有利于促进沿线各国经济繁荣与区域经济合作，加强不同文明交流互鉴，促进世界和平发展，是一项造福世界各国人民的伟大事业。2015年11月5~6日，习近平主席访问越南，他指出中越同为共产党领导的社会主义国家，是具有战略意义的命运共同体。双方发表联合声明，强调要继承、维护和发扬中越传统友谊，推动中越全面战略合作伙伴关系持续健康稳定发展。

"一带一路"建设是一项系统工程，也是中国"十三五"规划（2016~2020年）的重要议程，中越沿边开发开放经济带建设是"一带一路"系统工程中重要的环节，要坚持共商、共建、共享原则，积极推进中越国家发展战略的相互对接。

中越沿边资源禀赋各异，经济互补性较强，彼此合作潜力和空间很大。"一带一路"战略建设以政策沟通、设施联通、贸易畅通、资金融通、民心相通为主要内容，中越沿边开发开放作为"21世纪海上丝绸之路经济带"的战略支点和前沿阵地，也应继承和重点拓展在这些方面的合作。

6.1.1 基础设施互联互通

随着中越两国边境地区的不断发展和对外开放，现代口岸已经不能只具备通关的作用，还要具备仓储、物流等配套功能。滇越沿边口岸基础设施较为薄弱，设施不配套或者不齐全，由于设施年限较久，设备频繁出现老化、损坏等现象；口岸通关手续繁杂，通关能力较弱；境内外交通不便，通关速度慢，效率低。目前，在滇桂两地的口岸建设状况中，除了东兴、友谊关等口岸的基础设施建设相对较好以外，其他的中越边境口岸建设都不尽理想。有问题就要解决这是未来沿边经济建设重点建设目标。

6.1.2 扫除双边贸易障碍

在"一带一路"建设中，其重点内容是投资贸易的合作。加大力气探索处理投资贸易便利化问题，消除投资和贸易壁垒，构建区域内和两国良好的商业经营环境，积极同越南与中国接壤的沿边地区共同商谈建设自由贸易区，激发社会活力、释放合作潜力，将合作的"蛋糕"做大做好。

拓展相互投资领域，开展农林牧渔业、农机及农产品生产加工等领域深度合作，积极推进海水养殖、远洋渔业、水产品加工、海水淡化、海洋生物制药、海洋工程技术、环保产业和海上旅游等领域合作。加大煤炭、油气、金属矿产等传统能源资源勘探开发合作，积极推动水电、核电、风电、太阳能等清洁、可再生能源合作，推进能源资源就地就近加工转化合作，形成能源资源合作上下游一体化产业链。加强能源资源深加工技术、装备与工程服务合作。

6.1.3　加快金融市场融通

金融融通是"一带一路"建设的重要支撑。深化金融合作，推进货币稳定体系、投融资体系和信用体系建设。扩大中越沿边本币互换、结算的范围和规模。当前，中越通关手续复杂多样。跨境交易需要进行申报，其间一系列繁琐的手续及费用的支出常常成为消费者和网上卖家严重的经济负担，此外，因申报不合格使商品滞留在海关而使消费者无法收到的现象也时有发生。目前跨境电商是中越贸易新的经济增长点，增长速度很快，与之相配套的政策制度、金融服务没有跟上节奏和步伐。双方国家应该积极研究、制定出相应的政策，让广大的跨境电商从根本上得到保障。例如中国政府已经出台很多很好的政策，在一部分试点城市开始建立跨境电子商务产业园，在园区内通过"分送集报"的方式，提高企业的物流效率，通过海关、国检、外汇管理等部门的信息化共享平台促使国际收支申报与结汇规范化，并使进驻园区的企业可以享受出口退税的政策优惠，为跨境电子行业的发展搭建了非常好的平台。但是目前跨境电子商务产业园区的设立仅限于跨境电子商务试点的几个城市，对于其他同样有需求的城市来说，报关、物流、收付汇还存在很多难题①。

加强金融监管合作，推动签署双边监管合作谅解备忘录，逐步在区域内建立高效监管协调机制。完善风险应对和危机处置制度安排，构建区域性金融风险预警系统，形成应对跨境风险和危机处置的交流合作机制。加强征信管理部门、征信机构和评级机构之间的跨境交流与合作。充分发挥丝路基金以及各国主权基金作用，引导商业性股权投资基金和社会资金共同参与"一带一路"重点项目建设。

6.1.4　民族文化交流、相容

民心相通是"一带一路"建设的社会根基。传承和弘扬丝绸之路友好合作精神，广泛开展文化交流、学术往来、人才交流合作、媒体合作、青年和妇女交往、志愿者服务等，为深化双多边合作奠定坚实的民意基础。

---

① 孙艳艳. 我国跨境电子商务的发展现状分析［J］. 现代经济信息，2014（15）：169 - 170.

6.2 中越沿边开发开放经济带建设的总体原则

6.2.1 坚持开放合作

越南位于中国古代海上丝绸之路的范围,在国际贸易全球化的背景下,中越两国应加强区域合作,优势互补,共同搭建"21世纪海上丝绸之路",才能应对发达国家对我们发展中国家的经济控制,变被动为主动。相关的国家基于但不限于古代丝绸之路的范围,欢迎各国和国际、地区组织参与,让共建成果惠及更广泛的区域。

6.2.2 坚持和谐包容

"一带一路"的国家山水相连、血脉相通、人文相亲,有着天然的亲近感,友好情谊千百年来连绵不绝。亲、诚、惠、容四字理念的提出是倡导文明宽容,尊重各国发展道路和模式的选择,加强不同文明之间的对话,求同存异、兼容并蓄、和平共处、共生共荣的精练总结,将继续作为中越两国交往合作的指导原则。

6.2.3 坚持市场运作

遵循市场规律和国际通行规则,充分发挥市场在资源配置中的决定性作用和各类企业的主体作用,同时发挥好政府的作用。

6.2.4 坚持互利共赢

兼顾各方利益和关切,寻求利益契合点和合作最大公约数,体现各方智慧和创意,各施所长,各尽所能,把各方优势和潜力充分发挥出来。

6.3 中越沿边开发开放经济带建设的主要路径

6.3.1 实施面向东盟开放战略

这是由广西区位的新优势、寻找新的优势、与东盟开放合作的先发优势,以及广西肩负的重要使命所决定的。广西在新一轮的全国沿边开放中的双重战略作用：在内部，建立一个我国西南、中南地区的新的战略支点；在外部，把广西建设成为中国—东盟战略合作新高地。广西应学习云南打造国际化的渠道和我国对南亚、东南亚战略支点的重要战略举措，将中国—东盟国际通道和西南中南出海大通道相结合，专注于服务国家周边战略，重点服务和推进中国—东盟战略合作，重点服务西南中南地区发展，将国际和国内区域经济合作结合起来，将对外和对内开放结合起来，实施"大沿边"开放战略。一方面，要加快开放支点、交通运输支点、工业支点、城市化支点、金融支点、生态支点等重要战略支点；另一方面，继续打好"东盟牌"，与东盟深化合作，建设为中国—东盟战略合作的新高度。

要打造一个"中国—东盟合作新高地"，我们实施零关税自由贸易区等优惠政策，快速扩张与东盟国家的经贸往来，广西在东盟国家设立办事处及投资工厂数量在全国排名第一。我们还努力拓展国际煤炭、铁矿石中转业务，进口短缺的资源，建成全国重要的建材出口基地和华南煤炭集散中心。同时，按照"政府引导，市场运作"的思路，积极推进企业"引进来"和"走出去"，广泛吸引社会资本参与建设。截至目前，已与170多个国家和地区实现了贸易往来，美国ADM公司、中粮集团、武钢等一批世界或全国500强企业进驻。各类所有制企业竞相发展，2011年的新增民营企业、注册资本同比增长一倍；民间投资242.25亿元人民币，同比增长36.6%，占全市固定资产投资的49.5%，成为经济增长的主要力量。①

6.3.2 着力构建多边互动发展新格局

"丝绸之路经济带"与"21世纪海上丝绸之路"中的"带"与"路"连接点在沿海。改革开放以来，已形成从大连到北海绵延数千公里的沿海经济带，这是"一带一路"的重要基础。在加速沿边开放的同时，我们要充分发挥沿海对沿边地区的带动作用。沿海地区的位置、经济和技术上占有领先地位，能推动与沿边经济带对接，推动沿海地区向丝绸之路经济带产业转移，促进国际、省际区域合作，形成"一带一路"上国内外相互衔接、相互补充、相互促进的全方位对外开放的新格局。

6.3.2.1 打造多边、双边合作新平台

双边和多边合作是沿边开放的主要途径。加强与丝绸之路沿线国家的合作，以沿边沿路地带实施"走出去"战略，继续巩固和推动基于现有平台上的合作，

---

① 莫恭明等. 沿边开放正逢时 [J]. 求是，2012（10）.

还要建立一些新平台,在次区域合作上取得新进展。加强沿边地区、内地交通沿线和沿海省份的省际合作,升级现有的合作平台和合作机制,拓展创新新机制。如黑龙江、辽宁、安徽、云南等省区和有关城市的合作,可以形成包含沿海和内地的重要交通枢纽,连接东南亚、南亚、西亚、中亚,贯通中国南北区域经济区。加强与周边国家的合作,边境地区要加快跨境合作区和试验示范区建设,提高中国和越南、缅甸、老挝、俄罗斯和蒙古国等沿边跨境经济合作区的水平,形成立足国内、面向周边的开放型经济带。要进一步研究周边国家的情况,充分了解沿途所涉及的国家的需要,抓住关键点。各级政府要主动"走出去"与邻国的政府、民间团体、学术机构和企业交流与沟通,同周边国家建立良好的合作关系,并逐步在东南亚、南亚、中亚、西亚和主要贸易伙伴国建立相应机构,为企业服务,鼓励企业"走出去",参与国际竞争,加强区域和次区域合作。

6.3.2.2 加快经济走廊建设

沿路地区,充分发挥交通干道"中间节点,左右逢源"的区位优势,依托长江经济带推动区域互动合作和产业集聚发展。如打造安徽江淮城市群,使之成为我国横贯东西、连接南北对外经济走廊上的新区域增长极,形成内陆开放型经济高地。支持内陆城市建设航空港、国际陆港,加强内陆口岸与沿海、沿边口岸通关合作,逐步形成以城市圈为支撑、沿边开放经济带为窗口、经济走廊为纽带,优势更加突出、特色更加鲜明、整体更加协调、辐射带动作用更强,差异化发展的沿边沿路开放经济区域和经济带。

沿江新经济走廊建设是沿边开放的关键要素。要充分发挥比较优势,加强中东西交流与合作,提高对外开放的水平。西北,与中亚、南亚、西亚等国家深化交流与合作,打造丝绸之路经济带的核心区,打造内陆改革开放新高度,形成中亚、南亚、西亚贸易渠道,物流枢纽,重要的工业和文化的交流基地。东北,建设中俄、中蒙等经济走廊,与东北亚国家密切合作,全力打造物流带、开放带,形成大开放的贸易新格局;西南,发挥与周边东盟国家的独特优势,加快国际通道的建设,以促进国际运输走廊建设,建立大湄公河次区域经济带,建设成面向南亚、东南亚的辐射中心,建设印度、缅甸和孟加拉国的经济走廊;沿路,充分发挥交通走廊"中间节点,左右逢源"的区位优势,依托长江经济带,促进交流与合作。如打造安徽江淮城市群,使其成为我国横贯东西、连接南北经济走廊的新的区域增长点,形成内陆开放型经济高点。支持内陆城市机场、国际陆港的建设,并加强内陆口岸和沿海、沿边口岸的通关合作,逐步形成一个以大城市圈为支撑、开放型经济带为窗口、经济走廊为纽带的沿边沿路经济带。

目前,广西对沿海沿江开放地区的发展高度重视,实行"双核驱动"战略,充分发挥北部湾经济区和西江经济带的龙头作用、驱动牵引作用,而这是完全正确的。但是，目前还缺乏一个经济重心，使得"双核驱动，三区统筹"战略的实施中气不足，不够给力，缺乏动力与支撑力。广西柳州曾经是一个全国工业中心，曾是广西的经济中心和重心。建议参照辽宁的做法，加快柳州—来宾城市一体化，积极推进柳州经济区上升为一项国家战略，振兴柳州工业的辉煌，夯实广西向东、西、南、北发展和深化东盟合作的产业基础，借助柳州经济区在工业上的优势和经济实力，来支持沿海沿边和左右江革命老区的开放式发展，带动柳州老工业城市的振兴，形成沿海沿江沿边的良性互动发展新格局。

6.3.3 加速建设面向东盟的国际通道

6.3.3.1 以交通基础设施建设为依托

交通是沿边沿路开放的最大制约，交通状况不改善，沿边和内陆地区的边缘化的局势就不会改变，区位优势将发挥不出来。新时期加速沿边沿路开放，加强沿边沿路区位再造，在边境地区建立重要交通枢纽。要集中人力、物力和财力重点突破，首先畅通东西、南北走廊，加强和东南亚、南亚、东北亚、中亚、西亚各国的互通性。如建设从昆明到新加坡、印度的国际通道，重点在于泛亚铁路和昆明至曼谷、昆明至加尔各答、昆明至绞漂的高速公路等；打造绥芬河延伸到海参崴至太平洋港口的海上通道与绥芬河经满洲里、俄罗斯远东至欧洲的国际铁路干线等；完善瑞丽、河口、绥芬河、满洲里等港口设施与功能，并加强与周边国家的合作，建设一批专业市场、仓储、配送等物流基础设施。加强以信息、水电和新能源开发为重点的建设，积极推进信息和能源国际合作，全力打造沿边辐射中心，为打开一个新的高度提供基础支持。

6.3.3.2 加快建设西南国际航运中心

只有尽快把西南国际航运中心建起来，广西在全国边境地区叠加沿海的优势才能真正体现出来。广西应学习辽宁打造大连东北亚国际航运中心的做法，以及山东、浙江实施"港航强省战略"的做法，抓住机遇，实施"港航强桂战略"，统筹北部湾港、西江黄金水道和海上综合交通运输体系的优势，带动西南国际航运中心和中国（南宁）—新加坡经济走廊上升为国家战略，共同打造西南国际航运中心和中国（南宁）—新加坡经济走廊，推动港口经济、通道经济、工业经济、城市经济、外向型经济、港口经济的发展。

6.3.4 推动沿边开放带上升为国家战略

广西、云南两省区边界地区与中南半岛的越南、老挝和缅甸接壤，陆地边境线5080千米，是中国与东盟的战略合作最前沿，关联到中国—中南半岛陆路通道、中国—新加坡经济合作战略走廊、大湄公河次区域经济合作、泛北部湾经济合作、中国—东盟建立命运共同体,战略意义突出。建议参照黑龙江、内蒙古和东北边境地区开发开放上升为国家战略的做法,由国家发展和改革委员会牵头,联合广西、云南两省区人民政府,研究制定两省区面向东盟地区的发展规划,在国务院批准后实施,促进广西和云南边境地区面向东盟的开发开放上升为国家战略。尤其是以中越边境地带为重点,全面提升云南和广西两省区的开发开放水平,建设一个全国性的开放示范经济带。①

6.3.5 加快调整产业结构

加强产业合作与发展,这是沿边沿路开放的基本面支撑。按照优势互补、错位发展的要求,调整和优化沿边沿路地区的产业结构,提升产业竞争力与市场占有率。重点打好"六张牌":打好通道、会展经济牌,加快现代物流业、会展业及相关产业的发展;打好边贸牌,贸易兴边;打好人民币跨境结算牌,使人民币国际化找到一个新的突破点;打好次区域合作牌,支持出口导向型新工业园区的发展;打好文化旅游牌,积极推动与周边国家文化的交流、旅游业的国际合作,促进跨境旅游的发展;打好气候牌,充分发挥与东南亚、南亚国家在气候条件上的优势互补,促进农业与生物产业的合作。要重点突出物流业的建设和园区建设,没有高度发达的物流业,重振"丝绸之路"就是一句空话;产业合作应以园区为载体,加强省际、国际合作,推动一批跨省、跨境合作区的建设,增加产业聚集的规模,增强园区承载力,使园区成为新的经济增长极。

6.3.6 加强民间交流与合作

促进民心相通,是沿边沿江开放的社会根基。传承和弘扬丝绸之路友好合作精神,广泛开展文化交流、学术往来、人才交流合作、媒体合作、青年和妇女交往、志愿者服务等,扩大相互间留学生规模,开展合作办学;加强旅游合作,扩大旅游规模,联合打造具有丝绸之路特色的国际精品旅游线路和旅游产品,提高沿线各国游客签证便利化水平;强化与周边国家在传染病疫情信息沟通、防治技术交流、专业人才培养等方面的合作,提高合作处理突发公共卫生事件的能力;加强科技合作,促进科技人员交流,合作开展重大科技攻关,共同提升科技创新能力;开展城市交流合作,省区间应与周边和"一带一路"沿线国家重要城市之间互结友好城市;加强沿线国家民间组织的交流合作,重点面向基层民众,广泛开展教育医疗、减贫开发、生物多样性和生态环保等各类公益慈善活动;加强文化传媒的国际交流合作,积极利用网络平台,运用新媒体工具,塑造和谐友好

---

① 黄志勇.全国沿边开放新模式对广西沿边开放新思路的重要启示[N].科技日报,2015-04-17.

的文化生态和舆论环境。

6.4 中越沿边开发开放经济带建设的主要内容

6.4.1 增创沿边开放政策新优势

一是积极争取每人每天的进口商品免征额度从目前的 8000 元人民币提高到 2 万 ~3 万元人民币；二是积极争取在贸易品种和数量上放宽，进一步扩大边境小额贸易商品种类，将免税贸易和边境小额贸易货物的生产从邻国越南扩大到其他东盟国家；三是积极争取国家加大财政转移支付和投资力度，来支持由国家批准或规划的外向型工业园区、互市贸易区、边境经济合作区、综合保税区和跨境经济合作区等基础设施建设项目，并为沿边开放发展创造更好的条件。

6.4.2 建设跨境经济合作区

6.4.2.1 加强跨境经济合作区政策研究

做好跨境经济合作区建设的"顶层设计"，争取由国家颁布一揽子优惠政策，为中越凭祥—同登跨境经济合作区、东兴—芒街跨境经济合作区搭建新的平台[①]。

6.4.2.2 加强体制创新

两国跨境经济合作区是一个新的系统工程，需要地方政府和中越中央政府的大力合作，在管理体制和运行机制上大胆探索、勇于创新，探索建立"两国一区、境内关外、自由贸易、封闭运作"的管理模式和"一线放开、二线管住、人货分离、分类管理"的运作模式。

6.4.3 加快建设中越跨境经济合作区周边基础设施

6.4.3.1 加速建设周边城市配套设施

在确定跨境经济合作区选址的时候就要全盘考虑其未来的长远发展，既要借助其推进所在城市的发展，又要考虑其自身的发展。确保跨境经济合作区的正常运作。

6.4.3.2 加强中越互联互通建设

中越跨境经济合作区作为中国泛珠三角、西南经济协作区、广西北部湾经济

---

① 云倩，张磊，颜洁等.广西沿边开发开放调研报告［J］.东南亚纵横，2014（1）：14－20.

区和大湄公河次区域合作、泛北部湾区域经济合作、南宁—新加坡经济走廊、中越"两廊一圈"等国内外的重要节点和平台,中国面向东盟合作的前沿,是中国面对东盟的大通道和门户。它应该是中国和越南、东盟之间最经济和最便捷的商贸基地、物流渠道、旅游基地与出口生产基地,我们必须加快周边通道建设,不断加强建设连接邻近省份城市与面向东盟(越南)的海陆空通道,发挥其区位优势与独特功能。在当前形势下,我们应该先加快建设连接周边省份的交通基础设施与保税物流体系,加快推进基本物理信道的改进——如机场、港口、铁路、公路与钦州保税港区、凭祥综合保税区、南宁保税物流中心等建设①;创新和提高有关机制的流程、模式。近两年,应该加快东兴至防城港、钦州至崇左的高速公路建设;近五年,应该加快东兴至河内的高速公路,凭祥至河内的高速公路和铁路,防城港至河内的铁路建设和北部湾沿海经济区机场建设;近十年,必须努力建设中国与东盟国家之间公路、铁路等主要干线。

建议重点加快广西和越南之间的"两高"、"两铁"和"两桥"互通建设,即:凭祥—河内、东兴—芒街—下龙—河内两条高速公路的建设;南宁—同登—河内、防城港—东兴—芒街—下龙—海防—河内两条铁路的建设,中越北仑河二桥、水口二桥两座桥梁的建设。规划建设龙邦—高平—河内的高速公路、龙邦—河内的铁路。同时要深入实施《中越公路建设运输协定》。促进双方的公路、铁路、港口、航空的互联进程。

6.4.3.3 加快构建广西边境地区的综合交通运输网络

公路方面,按照一类口岸通高速,二级口岸,县城通二级,乡镇通三级,村村通公路的标准,全面规划道路建设。加快推进崇左—靖西、崇左—水口、靖西—龙邦、那坡—富宁高速公路的建设。

铁路方面,加快湘桂铁路南宁—凭祥段扩能改造,建设钦州—崇左—百色铁路、崇左—水口铁路、黄雨—百色—龙邦铁路。

6.4.3.4 完善口岸基础设施

科学规划广西沿边口岸建设,扩容和升级相关口岸道路、车站、码头、水电等基础设施。推进港口由"通道型"向"来料加工型"转变,提升口岸的竞争力,降低物流成本。加强与越南方面沟通与协商,以完善越南口岸的基础设施建设。

6.4.4 扩大口岸开放的范围

6.4.4.1 支持有条件的口岸扩区

一是建议扩大友谊关口岸的范围,把弄怀(浦寨)至卡凤大门约3平方千米

---

① 陈坤明.试论中越跨境经济合作区建设的路径——以广西为例[J].改革与开放,2011(18):124-127.

范围内的区域（通过推山填沟造地总面积可达约7.6平方千米）纳入友谊关口岸范围，使边贸点享受国家一类口岸政策；二是建议把龙邦—茶岭口岸延伸到那西（中国）—那弄（越南）。目前，现有的龙邦口岸受地形影响，口岸货运通道、监管场所等基础设施已不能满足不断扩大的贸易需求和进一步发展。为了提高通关条件和通关能力，建议把龙邦—茶岭口岸扩展到那西（中国）—那弄（越南），即在那西—那弄补充龙邦—茶岭口岸货运通道，将现有的龙邦—茶岭口岸作为人员出入境通道，现有的龙邦口岸海关监管场所作为车辆停靠与人员购物区。同时建议与越南协商在龙邦—茶岭口岸增设货运通道。

6.4.4.2 支持口岸升格

建议广西壮族自治区积极推动和支持有条件的口岸升格。以爱店口岸升格为范例，不断加大硕龙口岸、平而关口岸的验货场、报关楼、停车场、口岸公路等基础设施建设，在其具备升格基础的前提下协助其向国家申请升格为一类口岸，并积极争取将水口口岸、龙邦—茶岭口岸从中越双边口岸升格为国际口岸。

6.4.4.3 促进口岸合理分工，培育特色口岸

目前，广西边境地区口岸基本形成以凭祥与东兴口岸为中心，以水口与龙邦口岸为第二层、其他口岸为外层的结构，在新一轮的沿边地区发展中，广西应促进口岸的合理分工，培育特色口岸，避免无序的竞争。一是支持龙邦口岸建设成为入境铁矿石的特色口岸。近年来，龙邦口岸年平均进口越南的优质铁矿石20万吨左右，已经成为越南的铁矿石进口量最大的广西陆路边境口岸，要积极支持建设龙邦口岸成为入境铁矿石的特色口岸。二是支持爱店口岸建设为中国中草药材的进出口口岸。目前，爱店已经发展成为中国中草药的大型配送中心，是广西中越边境线的最大中草药贸易市场。在爱店口岸经营中草药的商家有100多个，品种120余种，日均中草药出口超过100吨，最多达200万吨，营业额超过80多万元，年平均营业额上亿元，占宁明边贸的70%以上。考虑到中草药和药材巨大的市场潜力，建议广西壮族自治区争取国家批准，让爱店尽早成为中国中草药进出口口岸。

6.4.5 加强边民互市贸易点基础设施建设

建议国家和广西壮族自治区通过加大转移支付力度、配套给予基础设施建设项目资金等方式，加大边民互市点基础设施建设资金支持力度，重点倾斜和支持广西沿边地区边民互市贸易点基础设施建设，并在"十三五"发展规划中继续对边境贸易基础设施建设项目给予重点扶持。按照边境小额贸易和边民互市贸易的进出口货物的监管要求，完善对口岸和各边民互市点各项监管设施建设，使口岸及各边民互市贸易点设施完备、功能齐全，为进出口货物的交易和监管提供便

利，促进边境经济贸易健康发展。

6.4.6 推进人、车、物通关便利化

6.4.6.1 实施人员与交通工具出入境管理便利化措施

出台给予边境口岸人员、货物和车辆出入境便利化的优惠政策，创新通关模式，提高通关效率，促进人员、货物快速通关便利化。实施人员与交通工具出入境管理便利化措施，试行居留便利化政策，探索新的管理模式。

6.4.6.2 加强与对方口岸联检部门的合作

建议中越双方口岸联检部门加强联系与合作，共同为双方旅游、商务贸易、物流等行业发展创造有利条件，在海关工作、通关、货物进出口手续办理方面两国能达成一致。加强与东盟国家的监管合作和信息共享，探索与东盟国家开展电子证书合作，实现检验检疫标准与结果互认。同时针对各对接口岸的主要进出口商品的特点，尽量能实行24小时通关制度，提高人员、货物通关速度。

6.4.7 探索沿边开发开放新模式

6.4.7.1 支持探索建立与越南劳务合作模式

越南拥有富余的劳动力，用工成本较低，且越南劳动力也有到广西沿边地区劳务的传统，而广西的农业种植尤其是甘蔗种植与收割以及基础设施建设等事宜存在大量的劳动力缺口。建议国家和广西壮族自治区支持在凭祥市、龙州县、靖西县等地试验探索越方劳动力跨境劳务合作的管理模式。建立开展跨境劳务合作的劳务公司是可操作性较强的途径之一，建议由劳务公司根据市场劳动力的需求，统一招募越南劳动力，为招募的劳工到边检部门统一备案并负责跨境劳工相关权益的保障。

6.4.7.2 鼓励企业与政府合作开发口岸

近年来，龙州县积极引进民间资本，通过政府与企业合作助推了口岸的跨越发展。2008年，龙州县引进昆仑公司建设布局边贸城，该项目规划用地150亩，总投资额1.5亿元人民币。现已完成包括海关监管区综合楼、围墙、闸口房、交易大棚、公共厕所、饭堂、监控系统、水、电、通信、消毒设施、熏蒸房等在内的一期工程（即海关监管区）的项目建设。2011年8月29日，该互市点通过自治区商务厅的验收，并于同年9月9日批准营运，极大地推动了边民互市贸易的发展。龙州县的那花边贸城也是采取此模式建设，由江西客商投资1.5亿元与龙州县政府合作开发，目前已完成一期项目建设，成效显著。此外，龙州县还大力引进企业资本参与口岸的基础设施建设，2010年，龙州县共引进口岸基础设施建设项目7个，总投资6.8亿元。建议总结推广龙州县经验，鼓励企业与政府合

作开发口岸①。

6.4.7.3 探索边民互市贸易转型升级新模式

在新型的边民互市贸易交易区,进口货物以边民互市贸易为主要形式,出口货物则以新型的"市场采购"贸易方式为主要形式,简化手续,享受出口免税政策,实现小商品大市场。

6.4.8 推进中越国际旅游合作区建设

中国—东盟自由贸易区建成后,中国与东盟之间的国际旅游合作将试点通关便利化,争取实现中国和东盟国家免签证旅游。中越双方除了在崇左市大新县跨国瀑布与凭祥市友谊关开展国际旅游合作外,还在包括东兴市北仑河景区在内的"两廊一圈"进行旅游合作。目前,国际旅游合作区的示范效应日益明显,为了更好地发展中越旅游合作的双边关系,建议促进国家签署《中越德天—板约瀑布地区旅游资源共同开发和保护协议》;将凭祥浦寨与越南新清归入中越友谊关旅游合作区范围,且作为先行区进行推广,开通凭祥浦寨—越南新清"一日游"线路;争取开通凭祥—西贡、芽庄等旅游异地办证线路;协调东兴、凭祥两地组织调节旅游团赴越南旅游线路,推进旅游行程的安排,提升旅游质量与游客体验;扩大边境旅游异地办证服务,简化中越跨国车认证等相关手续,重点推进中国—东盟自驾车旅游基地项目,争取中越跨国车认证的相关政策、技术、资金支持,以促进凭祥跨国自驾车旅游的进一步发展,促进跨境国际旅游成为边境地区一个新的经济增长点与新的支柱产业。②

6.4.9 协调中越跨境经济合作区建设的各方关系

6.4.9.1 协调与中央政府的关系

积极开展与中央政府有关部门的沟通协调,努力争取国家将中越跨境经济合作区纳入对外开放总体战略和列入中越两国经贸合作总体框架;积极争取国家在土地、金融、贸易、财税、城镇建设等方面的政策层面给予更大支持和帮助,促进中越两国政府就这些方面构建起对跨境经济合作区的政策、外交支撑体系,从政策和外交层面确保跨经济合作区开发建设的稳步推进。

6.4.9.2 协调与越南相关地方政府的关系

在解决中越两国中央政府层面的政策和外交关系等方面的问题后,积极展开与越方相关地方政府的沟通协调,加快构建实质性的跨境经济合作区基础设施建设协作机制和有效的常规性联合工作机制,成立经济合作区开发建设沟通协调联

---

①② 云倩,张磊,颜洁等.广西沿边开发开放调研报告[J].东南亚纵横,2014(1):14-20.

合工作小组。

建议广西沿边地区各市（县、区）参照中国东兴与越南芒街，中国龙州县与越南复和县定期开展口岸经济合作研讨会的做法，加强与越南沿边地区地方政府的会晤与沟通，积极开展经贸洽谈、合作论坛、商务考察等形式多样的交流合作活动，建立完善项目落实合作联动机制，形成常态化的交流合作机制，推动沿边开发开放①。

6.4.9.3 协调广西相关地方政府的关系

在对上、对外有关关系的沟通协调、有关问题解决之前和整个过程中，广西所涉及的防城港市、崇左市和百色市，以及东兴市、凭祥市和靖西县等地方政府要与自治区政府及有关部门做好沟通协调，有关各方要厘清工作思路，合力协同推进有关工作，为更好地推进这方面的工作，自治区有关领导要亲自抓、强力抓、长期抓②。

6.4.9.4 企业的关系

为高效推进跨境经济合作区的建设，建议由自治区大型国有企业（比如广西北部湾投资集团有限公司，该集团公司拥有开发建设钦州保税港区、东兴互市贸易区、凭祥综合保税区的丰富经验，目前正在推进中越东兴—芒街跨境经济合作区东兴方的前期工作）作为项目业主，在政府主导下推进有关工作。这必将涉及经济合作区建设业主与有关地方政府的关系，以及经济合作区建设业主、地方政府和入区商家三者间的关系，只有处理好这些关系，协调好有关利益问题，才有利于调动各方积极性，加快跨境经济合作区的开发建设步伐，实现跨境经济合作区的跨越发展、可持续发展。政府要敢于让利给企业，要通过利益调整激发企业的干劲和发展后劲，激发企业成为跨境经济合作区开发建设的先锋和主力，先行做旺、做大，逐步做强、做响跨境经济合作区。

6.4.10 提升地方政府服务能力，着力优化服务软环境

跨境经济合作区的建设涉及人际关系和工作的诸多方面，许多方面的工作是全新的、突破性的；同样，企业的引进和发展还需要政府提供优质高效的服务，这必然要求政府有更高的服务能力。为了支持企业，政府要在各个方面提供帮助，不断优化服务的软环境，积极推进并全程跟踪服务。地方政府应以优质的服务与优良的服务软环境来吸引企业进驻，留住企业发展，帮助企业做大做强，这才会有效地促进跨境经济合作区的跨越和可持续发展。

---

① 陈坤明．试论中越跨境经济合作区建设的路径——以广西为例［J］．改革与开放，2011（18）：124-127.

② 云倩，张磊，颜洁等．广西沿边开发开放调研报告［J］．东南亚纵横，2014（1）：14-20.

6.4.10.1 完善政策保障体系

政府通过政策来规范政府与企业之间的关系,以维护企业利益,促进企业发展。一是产业扶持政策。要支持重点项目建设,打造特色农产品、进出口货物及工业物流园区;打造高端商务服务中心,促进现代服务业的发展,以服务的发展来创造良好的服务软环境。二是财政扶持政策。在当地具有优势且在越南有一定市场需求的限制类项目,应适当放宽行业的准入标准,在同等条件下,优先审批在跨境经济合作区布局的工业项目。对于在该经济合作区的企业给予税收优惠,确定合作区的购物免税政策,对合作区开发建设加大专项资金投入。增加一般性转移支付力度,保留一定时期经济合作区的土地出让收入所得,专项用于经济合作区的基础设施建设领域。实施海关关税留成政策,在一定期限内试行经济合作区所在地海关每年征收关税与进口环节税,按照一定的比例返回给当地政府,专门用于经济合作区的开发建设。三是土地优惠政策。对于经济合作区的重要基础设施和工业项目,应给予自主土地规划调整权,可对土地利用总体规划进行修改,以"特事特议",利用项目环评的形式在土地价格方面决策,在国家政策允许的范围内给予最低的价格。四是边贸易政策支持。加强中越边境的信息共享和通关制度建设,实行"全天候、无假日"值班和24小时预约通关制度,实施"属地申报、口岸联检"通关监管模式,统一收费标准,建立和推广信誉审单,实施口岸和海关特殊监管区的"一次申报、一次查验"的快速通关模式,推行预归类、预审类、海关联网、在线支付。对于重点项目和重点企业归入"海关客户协调员制度",对有特殊要求的企业、信誉好的企业采取企业便利化措施。在遵守中国与越南法律的基础上,允许经贸合作区在商品进出口、人员出入境、旅游、居住等领域共同探索确定有关制度,中越两方建立安全调查制度、信息联络员制度,来共同打击走私和贸易诈骗等违法犯罪活动①。

6.4.10.2 着力金融服务创新

金融是推进经济发展的重要因素,国家在有关北部湾经济区发展的政策里已给予了北部湾经济区金融创新的空间,跨境经济合作区所在地方政府要深入研究、认真谋划金融服务的创新。为此,地方政府可以从以下方面推进有关工作:设立投资基金和专项资金,吸引企业入区发展和引导特色产业发展。加大对地方投融资平台的扶持力度,借助其发行与重大基础设施建设项目挂钩的企业债券等。支持民营资本进入金融领域,允许依法设立小额贷款公司、信用担保机构和典当公司等,引导民营资本参与金融服务创新,为中小企业发展提供更大的融资空间和更广的融资渠道。鼓励境外金融机构在区内设立分支机构,为企业和个人

---

① 陈坤明. 试论中越跨境经济合作区建设的路径——以广西为例 [J]. 改革与开放, 2011 (18): 124 – 127.

提供多元化的金融服务；在法律允许范围内为货物（商品）及服务贸易资金方便、快捷、自由支付和转移、兑换现钞提供优质服务。对金融机构在税收方面实行优惠政策，扶持经营初期困难的金融机构渡过难关。鼓励东盟国家的居民在跨境经济合作区内存款和自由兑换现钞。加强区内信用体系建设，建立完善的信用担保体系，切实加强金融监管，提高风险防控能力，确保区内金融安全。①

---

① 陈坤明. 试论中越跨境经济合作区建设的路径——以广西为例 [J]. 改革与开放，2011（18）：124-127.

第7章 中越沿边开发开放经济带建设战略

"一带一路"战略规划对广西的定位是：发挥广西与东盟国家陆海相邻的独特优势，加快北部湾经济区和珠江—西江经济带开放发展，构建面向东盟区域的国际通道，打造西南、中南地区开放发展新的战略支点，形成21世纪海上丝绸之路与丝绸之路经济带有机衔接的重要门户。[①]

近期，彭清华书记在传达学习全国"两会"精神大会上就广西参与"一带一路"战略提出：要深刻领会、准确把握总书记对广西发展的新定位新要求，全面深化改革，做好对外开放大文章，加快形成面向国内国际的开放合作新格局，面向东盟，将广西建成"一带一路"有机衔接的重要门户。为了打造面向东盟开放合作的新门户新枢纽，广西将以东盟国家为重点，打好"五通"牌：政策沟通方面，利用中国—东盟博览会、泛北部湾论坛等平台，积极参与大湄公河次区域合作；道路连通方面，推动建设中国—东盟海上通道、中国—中南半岛陆路通道、中国—东盟航空枢纽、中国—东盟信息港，构建面向东盟的国际大通道；贸易畅通方面，加快推进东兴、凭祥国家重点开发开放试验区建设和跨境经济合作，完善口岸和保税物流体系，打造"21世纪海上丝绸之路"现代商贸物流基地；货币流通方面，继续深化与东盟国家的金融合作，规划建设以人民币计价、面向东盟的大宗商品交易中心，鼓励广西和"一带一路"沿线国家互设金融机构；民心相通方面，加强与东盟国家的文化体育、教育科技、医疗卫生等民间交流和经贸往来，巩固传统友谊，促进共同繁荣发展。

借助"一带一路"构想的空前机遇，中越沿边开发开放经济带就产业建设、贸易发展、基础设施建设、科技研发、区域合作、人文交流等方面具体战略如下。

---

① 国家发展改革委、外交部、商务部于2015年3月28日联合发布的《推动共建丝绸之路经济带和21世纪海上丝绸之路的愿景与行动》中提出。

第7章 中越沿边开发开放经济带建设战略

7.1 中越沿边开发开放经济带产业建设战略

7.1.1 特色主导产业战略

科学地选择主导产业和优化产业空间布局对地区经济发展有着十分重要的现实意义,将会给经济发展带来战略性回报。罗斯托对主导产业理论进行了明确、系统的研究。他强调主导产业在经济发展中的作用,尤其强调主导产业在经济起飞阶段的重要性,即"起飞理论"[1]。中越沿边开发开放经济带是少数民族会聚的地方,在经济发展各方面具有独特的本土化、民族特色化等特点,因此在选择主导产业时应注重利用民族特色,构筑竞争力强的特色主导产业,立足本地资源优势,以市场为导向,依靠科学技术手段,把潜在的资源优势转化为产业优势,将边境地区依靠特殊政策支持的经济转变为以本地特色资源支持的特色经济,使之成为经济起飞的推动力。

防城港具备极佳的区位优势,是中国西部地区第一大港,是东进西出的桥头堡,西南地区走向世界的海上主门户,是连接中国—东盟、服务西部的物流大平台,是对外开放的重要窗口,以市场为导向,发挥旅游业、海洋运输业等产业优势,依靠主导产业推动当地经济发展是明智之举。防城港旅游资源丰富多彩且极具特色,拥有"边、山、海"丰富的旅游资源,京、瑶、壮民族风情独特浓郁,发展旅游业条件得天独厚,防城港市的旅游业是在边境贸易的基础上发展起来的,边境跨国游从20世纪90年代中期开始,至今防城港市的中越边境跨国旅游已成为广西旅游精品,全国热点旅游线路之一,防城港市已发展成为中越边境跨国旅游最大的游客集散中心。边境游带动了市内游的发展,已经形成了以中越边境跨国旅游为龙头,以滨海休闲度假游、森林疗养度假游、民族风情游为主的产品体系,构建了"上山、下海、出国"[2]独具特色的立体旅游格局。防城港旅游产业发展规划应以"一海、一山、两城、两带、三品牌"为总体框架,即北部湾大海,十万大山,防城港和东兴两个特色城市,北部湾滨海旅游带和中越边境旅游带,打造生态体验旅游品牌、滨海休闲旅游品牌和边海跨国旅游品牌。就海洋运输业而言,防城港是我国距离海上生命通道——马六甲海峡距离最近、物流

---

[1] 曾珊. 广西东兴沿边开发开放试验区战略研究 [D]. 中央财经大学, 2012: 3-4.
[2] 冯英, 黄清汉. 浅谈防城港市江山半岛旅游开发前景 [J]. 计划与市场探索, 2003 (8): 63-64.

成本最低、发展潜力最大的枢纽大港,是连接中国大陆资源丰富的大西南和经济活跃的东南亚地区的枢纽地带,是中国大陆与东盟海上运距最近的港口,是中国唯一一个与东盟陆海相通的城市。全市有着230多公里的边境线、538公里的海岸线和5个国家级口岸。港口具有水域宽阔、纳潮量大、地形隐蔽、水深浪小、港池航道淤积少等良好的天然水域条件和广阔的陆域,港口开发潜力巨大。

崇左市是壮族聚居地,民俗民风淳朴,糖业、锰矿业、红木产业、文化旅游产业应作为其主导产业。糖业是崇左市的支柱性产业,"一带一路"的构建将带来更大的市场,面临更具有开放性的格局,有利于充分发挥其资源禀赋,加快发展蔗糖深加工、提高产业附加值,优化产业结构,并有效利用上述平台打造当地特色产业,依靠科技力量拉长产业链,提高产量和农民收入,为打造中国的糖都打下基础,推进全市各县(市、区)面向东盟的产业经济带发展格局;锰、煤、铝、铜、铁、水泥用灰岩、膨润土、稀土等是崇左市开发利用价值较大的矿种,其中丰富的锰矿资源优势明显,"一带一路"的构建将会推动该优势产业按照"生态、循环、环保"理念做强做大,逐步发展转型为生态型锰矿业。同时,还增加了与马来西亚、泰国、缅甸等资源丰富的中南半岛国家进行资源合作的可能性;近年来红木进口受限,遏制了红木产业的迅速发展,崇左大量种植红木,一方面是为了绿化,另一方面也为家具产业提供原料,同时还可以做工艺品。"一带一路"的构建有利于实现与越南的互联互通,缓和与越南的关系,在一定程度上能缓解红木进口的压力,又有利于促进红木产业的转型升级,过渡到以收藏、手工雕刻等艺术形式增加其附加值的转型模式,而不单单定位于粗犷的劳动密集型产业。文化是一个城市的灵魂,旅游是一个城市的名片。"一带一路"的构建有利于崇左市深入挖掘其文化旅游的内涵,打好红色旅游、绿色生态的牌子,做大"红、绿、边"文章,打造以壮族文化、山水文化、红色文化和边关文化为重点的民族特色文化品牌,抓好旅游资源整合和重点景区景点建设,推动文化和旅游产业的相互融合、互促共进,最终把崇左市建设成文化旅游强市,打造成为面向中南半岛的旅游示范区。

百色市应立足于本地资源优势,借助"一带一路"良好契机,加快铝产业支撑体系的构建,完善当地特色农产品产业体系。铝产业是百色市的重点支柱产业,也是当地的特色产业,2011年7月国家批准设立广西百色生态型铝产业示范基地。应以平果铝、新山铝为依托,打造以生产优质铝产品为标志的中国"铝都"。2015年底百色市区域电网将实现自我供电,重点铝产业效益随着百色市区域电网组建运营会逐步回暖,对一直困扰百色市铝产业发展的瓶颈必定有巨大突破,铝产业的发展将对百色市外向型经济发展起到巨大的带动作用。与此同时,随着百色至靖西、靖西至那坡高速公路的开通,广西万生隆国际商贸物流中心等

第7章 中越沿边开发开放经济带建设战略

项目的有效推进以及边境口岸基础设施的进一步完善，百色市边境贸易将得到快速发展，以市场为导向作用，将给当地铝产业迎来另一个春天。此外，百色市有机农产品面积居全区第一，有机茶、有机米、有机水果等口碑极佳，要围绕"三标一体"产品认证和农产品国家地理标志产品申报为核心，整合资源，打造百色市特色农产品品牌。"十二五"期间特色农产品品牌培育取得一定成效：组织开展了百色芒果（北京、哈尔滨）对接会，持续加大宣传推介力度；加强"百色芒果"、"百色圣女果"等品牌培育，百色芒果、圣女果成功打入上海城市超市、家乐福超市等高端市场；加大"芳山"、"石龙"等传统品牌提档升级和"老字号"申报力度，新获得1个广西"老字号"。当前，国际国内经济发展进入新常态，国际环境总体有利、中国—东盟自由贸易区升级版的建设、"一带一路"的构建、高铁时代的到来、全面建成小康社会、开放型经济不断发展等众多利好因素，都将给百色市特色产业的发展带来前所未有的机遇。

7.1.2 可持续发展战略

综观广西中越沿边开发开放经济带支柱产业，以旅游、物流、外贸、矿产、糖、红木、农业等为主，对生态环境的保护存在着极大的威胁，注重高效节能、先进环保和资源循环利用是促进主导产业良性发展的首要选择。在发展产业的规划和政策中，应纳入对环境承载能力和资源循环利用的考量，不能一味的为了增长而牺牲了长远的发展，应始终把可持续发展战略放在第一位。

7.1.3 与越南建立产业合作联席会议制度

广西与越南毗邻，是"同志加兄弟"，彼此之间存在着紧密的贸易关系，合作与发展是共同的愿望。应与越南建立产业合作联席会议制度，定期开展双边或多边产业领域的高层次研讨会，加强各国协会以及行业之间的交流与合作，研究解决区域产业合作协调，促进区域产业分工，推动越南优先布局跨国产业链和合作产业带，打造紧密协作的现代商贸物流基地，不断开拓产业交流合作新领域。

7.2 中越沿边开发开放经济带贸易发展战略

7.2.1 优化出口商品与出口市场结构

广西对越南的贸易出口仍然集中于劳动密集型产品，机电产品和高新技术产品也是主要集中于中低端的加工装配环节，出口产品整体技术层次较低，高附加值产品比重不大。同时，自主品牌产品出口少，广西许多外贸生产型企业产品的品牌由于知名度不高，因此难以快速扩大市场和形成稳定的出口渠道。此外，越南是广西商品出口的主要市场，这一方面增加了对外贸易的风险性，另一方面又削弱了其灵活性和竞争力。

优化中越沿边出口商品结构，逐步由出口劳动密集型产品为主向出口物质资本、人力资本密集型产品为主，乃至向出口技术与知识密集型产品为主的商品结构进行转化。要大力发展现代服务贸易，中越沿边地区涉及两国多种贸易，应将人口压力转变为优势，把对外劳务输出和国际旅游作为扩大服务贸易出口的主攻方向。此外，要加强政府宏观调控，大力规范企业的出口行径，严格地整顿低价竞销，坚决遏制压价竞销和无序竞争的行为。通过降低关税、出口退税、增加出口配额等方式给予高技术含量、高附加值和优质名牌产品适当奖励。

在出口市场方面，实施出口品牌战略，在自主品牌中挑选部分条件好、发展潜力大的品牌集中力量培育和扶持，在对国际市场进行科学细分的基础上寻找与众不同的目标市场，并根据目标市场的需求特征来设计、生产和销售产品，实现差异化战略目标，分散过于集中的市场结构。

7.2.2 建设完善沿边园区

7.2.2.1 凭祥、东兴等重点开发开放试验区

2013年12月14日，国务院出台《关于加快沿边地区开放的若干意见》，明确提出研究设立广西凭祥重点开发开放试验区，在国家构建的沿边开放战略中，凭祥市被作为国家重点开发开放试验区来布局。积极推进完善凭祥边境自由贸易示范区、凭祥综合保税区、中越凭祥—同登跨境经济合作区建设，打造中国—东盟自贸区升级版的重要平台，促进中越沿边开发开放经济贸易发展。

2010年6月29日，中国明确提出"积极建设广西壮族自治区东兴、云南瑞丽、内蒙古满洲里等重点开放开发试验区"。东兴开发开放试验区被纳入国家战略层面。2014年4月4日，从东兴重点开发开放试验区管委会获悉，国家发展改革委已于2014年3月正式批复《广西东兴重点开发开放试验区建设总体规划》（发改西部〔2014〕355号）。建设完善试验区各功能区（港口物流区、国际商贸区、临港工业区、生态农业区、国际经贸区），尤其以国际经贸区为核心，深化与越南等东盟国家战略合作的平台，大力发展沿边贸易，创造新的经济增长极。

不断完善凭祥、东兴等重点开发开放试验区是国家战略层面的工作，这也是广西中越沿边开发开放经济带贸易发展的强大助推器。

7.2.2.2 中越跨境经济合作区

目前中越双方正在极力推动东兴—芒街、凭祥—同登、河口—老街、龙邦口

岸—茶岭四个跨境经济合作区，以利用双方互为原产地的产品市场及丰富的劳动力市场，从事跨境出口加工贸易，实行贸易和投资的自由化政策，扩大边境口岸开放。其中，东兴、凭祥、龙邦口岸均处于广西中越沿边开发开放经济带，凭祥—同登跨境经济合作区更是凭祥开发开放试验区的重点建设内容，加快这些经济合作区重点园区的建设与完善，对于双边的经济贸易是一个强大的推动力。

7.2.2.3 沿边金融综合改革试验区

2013年11月27日央行联合多部委印发《云南省广西壮族自治区建设沿边金融综合改革试验区总体方案》（以下简称《试验区总体方案》），这是中国继上海自由贸易试验区之后批复的第二个区域性综合改革试验区方案，旨在促进沿边金融、跨境金融[①]、地方金融改革先行先试，促进人民币周边区域化，提升两省区对外开放和贸易投资便利化水平，推动沿边开放实现新突破。其中，广西壮族自治区被纳入篮子的有南宁市、钦州市、北海市、防城港市、百色市、崇左市六个沿边市。不断改革完善人民币跨境结算、外汇结算等方面，对于广西与其他东盟国家特别是越南的贸易是绝佳的利好因素。

7.2.3 提高口岸通关便利化水平

由于中越两国未实施"两国一检"，使得南宁至河内客运列车通关繁杂，列车整体运行速度变慢；口岸放行权限大大不足，无法满足游客及企业的需求；允许的通关时间过短等，这些在无形中都增加了许多不必要的成本。

通关便利化是全球经济发展对通关制度的必然要求，也是"一带一路"建设中设施联通、贸易畅通的重要支撑。通关便利化应该包括贸易便利化、游客通关便捷快速、通关法律便利化等，从而达到通关程序简化、适用法律和规定协调、基础设施标准化和改善，为外贸经济、游客通行等创造协调、透明、可预见的环境。相关管理部门应不断创新口岸管理，推进改革，大力推广"属地申报、口岸验收"和"三个一"（即一次申报、一次查验、一次放行）新型通关模式，进一步提高口岸通关便利化水平，促进广西中越沿边开发开放地区主动融入"一带一路"发展战略。

7.2.4 降低关税

降低关税在一定程度上会冲击本国工农业生产的发展，对国内中小企业也会造成一定的威胁。就中越沿边开发开放经济带贸易而言，降低关税有利于进出口贸易的增加、有利于技术创新的流入、有利于国民经济的增长、有利于缓解国内

---

① 沿边金改，滇桂试水 [J]．创造，2013 (12): 22-27.

就业压力、有利于与越南建立友好关系。权衡利弊之下，广西沿边作为对外开放的窗口，逐步降低关税是大势所趋。

7.3 中越沿边开发开放经济带基础设施建设战略

7.3.1 交通基础设施建设

7.3.1.1 铁路

铁路的运量大，一般每列客车可载游客 1800 人左右，一列货车可装 2000~3500 吨货物，重载列车可装 20000 多吨货物；费用成本低；受自然条件限制小；运行时速一般可达到 80~120 公里。

2010 年 8 月 26 日，由广西壮族自治区铁路建设办公室主办，铁道部经济规划研究院承担的咨询项目《中国—东盟快速铁路通道方案研究》通过评审。中国—东盟快速铁路通道以南宁市为起点，终点是中南半岛最南端新加坡，它是中国—东盟自由贸易区的重要基础设施，也是中国东中部地区通往东盟国家最便捷的国际运输通道。其线路近期走向是：南宁—凭祥—河内—金边—曼谷—吉隆坡—新加坡；远期走向是：南宁—凭祥—河内—清化或桑怒—万象—曼谷—吉隆坡—新加坡①。南宁—凭祥—河内通道将是中国—东盟铁路快速通道的主动脉。

目前广西中越沿边跨境铁路仅有两条线路，一条是南宁—凭祥—河内通道；另一条是昆明—河口—老街—河内②。中越跨境铁路运输是促进中越双边贸易及人员往来的一大重要因素。然而，跨境铁路、高速公路运输机制并不畅通，跨国运输至越南境内需换乘越方交通工具，而越方交通工具目前较为落后，崇左与越南的高速公路、铁路相连接，但实际连而不通，导致跨境运输通关时间长，增加了隐性成本。

一方面，在硬件设施上，要完善这两条线路，主要包括设备及提速等内容，同时，考量挖掘其他有优势的线路，形成完整的铁路网络，财力支撑上可引入 BOT 模式及 PPP 模式。另一方面，在软件环境上，要争取两国政策的落地，沟通协调便利的通行模式，避免连而不通的尴尬现状，促进两国的旅游及贸易往来。

---

① 陈雪芬. 北部湾经济区区域物流对广西发展外向型经济的影响分析 [D]. 广西大学，2009：36 - 37.

② 林晓言，丁伟，陈小君等. 中国—东盟快速铁路通道与泛亚铁路运输联盟研究 [J]. 天津大学学报（社会科学版），2012，14（2）：111 - 117.

7.3.1.2 公路

目前,广西多条通往口岸的公路等级较低,无法满足日益上升的边贸运输需求。通往水口、硕龙、爱店等重要口岸及边境贸易互市贸易点的道路仍是老旧的沿边公路,沿边公路货物运输繁忙,货运周转期长,口岸未通高速公路,货运效率得不到提高,制约口岸货物交易量,影响口岸发展。

开通到中越边境的高速公路目前广西只有两条线路,分别为南宁—友谊关、南宁—东兴,跨境高速公路仅有一条,即昆明—河口—老街—河内,这样的交通现状严重制约了广西中越沿边开发开放经济带的发展。

相比其他交通方式,公路的投资小一些,灵活性较好,修建通往口岸老旧的公路,提升公路等级对沿边经济贸易的发展是十分必要的。

7.3.1.3 机场

目前整个广西的民用机场有南宁吴圩机场、桂林两江机场、柳州白莲机场、北海福成机场、梧州长洲岛机场、百色田阳机场、河池机场七个机场,本身航空联通辐射方面就存在严重不足,加上能飞越南的就只有吴圩机场,且航班较少,在南宁吴圩机场与胡志明市机场间往返都必须要中转,南宁吴圩机场可直飞河内机场,但河内机场飞往吴圩机场也需要中转,而广西中越边境的城市根本没有飞往越南的航班,这一定程度上影响了中越旅游及贸易往来。

应先进行调研考量,可选择原有的百色田阳机场开通通往越南的航线,也可在崇左或者防城港新建机场,一方面是为了地处边境地区考虑,另一方面是为了当地的发展规划,如若航空领域不完善,对旅游等产业的发展也是一大限制因素。此外,应协调增加从吴圩机场飞往越南的航线与航班,在政策上得到支持,尽量开放直达航班,便利的交通必然会促进双边的共同发展。

7.3.1.4 水路

在所有的运输方式当中,水路运输能力最大,在国际对外经济贸易中占据重要的地位,是发展国际贸易的强大支柱,且建设投资较省,重点在投资构造船舶和建设港口,运输成本也比较低廉。

广西中越沿边开发开放经济带的水路方面,由于受到资金、政策等限制,国际水路不畅通,对外贸易进出口企业无法享受到价格低廉的水路运输,导致企业运营成本高,竞争力不足,抵御风险能力差。

对于旅游业和国际贸易来说,水路的畅通是强大的助推器,尤其是近年来邮轮经济的强力推广,应在水路方面投入一定的资金进行扶持,在政策上给予优惠,并与越方进行对话,使国际水路得以畅通,双边互享胜果。

7.3.2 口岸设施建设

中越沿边开发开放经济带涵盖的口岸包括友谊关口岸(国家一类口岸)、凭祥口岸（国家一类口岸）、平而关口岸（国家二类口岸）、硕龙口岸（国家二类口岸）、水口口岸（国家一类口岸）、爱店口岸（国家一类口岸）、科甲口岸（国家二类口岸）、龙邦口岸（国家一类口岸）、平孟口岸（国家一类口岸）、东兴口岸（国家一类口岸）、峒中口岸（国家二类口岸）等。

7.3.2.1 完善通往口岸的交通建设

要想发展口岸，必须以完善交通联动为前提，如果交通不便利，口岸的业务量会大打折扣。因此，修建完善通往各口岸的高速公路是十分必要的，允许按轻重分阶段进行建设。

完善口岸联检大楼及海关监管场所等设施建设。口岸联检大楼设施关乎我国的国际形象，同时与通关效率紧紧相连。目前，广西中越沿边口岸联检办公设施相对落后。此外，海关监管场所并不完善，应由地方政府出资建立相应的基础服务设施，促进地方贸易的发展。

严格规范边境互市贸易点，设立适当的场所，给予扶持和管理。设立规范的边境互市贸易场所，对边民互市贸易额度给予特殊优惠，此外，对边民互市贸易中收购的农产品，在广西区内加工后出口的，应给予水费抵扣政策，鼓励出口。

加强信息产业平台建设，推进电子口岸商务发展。推进电子口岸商务发展实现大通关，大通关带来大物流，大物流有利于各种产业的聚集，实现通道经济大发展。

完善物理隔离带，便于管理。广西中越沿边边界线长，借助地势，长期处于天然隔离，十分不利于管理。要建立完善可追踪的管理体系，降低安全隐患。

7.3.2.2 边境城镇配套设施

（1）边境通村、通屯道路。边境镇通往边境各村屯的道路状况差，多数偏远的边境村屯无硬化道路，交通不便利，与外界之间连通性不强，这大大影响了边民的日常生活，更阻碍了彼此经济贸易往来。道路畅通是基础，这些边境道路情况需得到改善。

（2）城镇人文交流设施设备。中越两国边民由于地理位置相近，同属于骆越子孙，风俗习惯有一定的互通性，边民的民间交往密切。体育基础设施及相关娱乐设施应配套，开展一系列体育活动及舞台文化表演等加深人文交流。

（3）广播通信设施。由于边境地区多属喀斯特地貌，山区较多，边境地区投入的无线设备不够好，地面卫星接收站数量不足，而越南的无线通信设备均采用意大利进口设备，因此国内电台信号容易被遮挡，受到越南信号干扰，阻碍边民对我国无线广播的接收，影响边民的文化生活。因此，在广播通信设施方面，应加大投入力度，改善边民的文化生活，提升本国国际形象。

7.4 中越沿边开发开放经济带科技研发战略

7.4.1 成立专项资金扶持

目前,我国对于科技研发活动的扶持主要是以课题制为主。科技研发包含官方组织、民间组织以及企业技术创新等,随着我国经济的高速发展,科技研发得到越来越多的重视,中越沿边开发开放经济带的发展离不开科技研发,应成立专项的资金进行扶持,重点用在宣传和奖励两个方面。大力宣传科技研发的重要性,树立勇于探索科研创新的理念,按一定的标准奖励科研成果,促进科技研发。

7.4.2 鼓励建立民办科研机构

根据《国务院关于鼓励和引导民间投资健康发展的若干意见》(国发〔2010〕13号),中国科技部制定了《科技部关于进一步鼓励和引导民间资本进入科技创新领域的意见》,支持民营企业提高技术创新能力,鼓励和引导民间资本进入科技创新领域。其中第七条是支持民办科研机构创新发展。文件提出"完善政策法规,鼓励民间资本兴办科研机构,探索建立符合自身特点和发展需要的新型体制机制,面向市场和新兴产业发展需求开展技术研发、成果转化和技术服务。对瞄准国际前沿开展源头性技术创新的民办科研机构加大扶持力度,鼓励其牵头或参与承担国家科技计划项目,引进和培养优秀创新人才,创建国际一流研究开发条件和平台,在重大原创性技术方面取得突破,努力掌握新兴产业和行业发展话语权。符合条件的民办科研机构,可按照程序申请成为国家重点实验室或工程技术研究中心。研究制定民办科研机构进口科研仪器设备的税收优惠政策"。从相关的政策来看,国家大力支持企业提高科研能力、鼓励建立民办科研机构,不断为科研注入新鲜血液。

7.4.3 力促产学研的良好结合

产学研即产业、学校、科研机构等相互配合,发挥各自优势,形成强大的研究、开发、生产一体化的先进系统并在运行过程中体现出综合优势。产学研结合涉及产业、教育、科技、财政等多个部门的协调与整合,没高效的国家强有力的监督,也没有科技桥梁组织作为引导,自上而下的结合难度很大。因此,要广泛借鉴各国优秀的经验,建设完善的产学研合作公共部门研究组织,监督并规范各部门之间的合作,此外,要高度重视科技桥梁组织的培育,发挥其媒合功能,使产学研结合得到良性发展,大力促进科技研发。

7.5 中越沿边开发开放经济带区域合作战略

7.5.1 加强国际区域合作

7.5.1.1 努力构建中国—东盟自由贸易区"升级版"

2014年8月26日,第十三次中国—东盟经贸部长会议在缅甸内比都举行,会议正式通过中国—东盟自贸区升级版要素文件,并宣布启动中国—东盟自贸区升级版谈判。广西位于中国与东盟的结合部,是重要的国际通道和枢纽,是中国进入中南半岛的桥头堡,东南亚进入中国的门户,在中国—东盟自贸区中起着举足轻重的作用。中国—东盟自贸区的建立使得广西对外贸易从越南走向地域更广阔、人口更众多、市场更大的整个东盟市场,并从东盟市场扩展至其他亚太地区和印度洋地区。努力构建中国—东盟自由贸易区"升级版"更是有利于加快推动中越沿边开发开放经济带经济一体化进程。

7.5.1.2 加强中国—东盟商务与投资峰会对话磋商机制

2004年11月3日,首届中国—东盟商务与投资峰会在南宁成功举行,开创了中国与东盟区域合作由战略对话向商务与投资互动、经贸与合作共赢的历史性转变。中国—东盟商务与投资峰会自2004年至今已成功举办了十一届,已成为中国—东盟高层对话、深化合作的重要平台。

7.5.1.3 加强"泛珠三角"、"泛北部湾"等区域的合作

2004年"泛珠三角"区域合作全面启动,给广西扩大与"泛珠三角"区域合作特别是粤港澳的经贸合作带来了新的机遇,并进而提升自身在多区域合作中的枢纽和桥梁价值。首先,广西在"泛珠三角"和东盟两大市场板块间"左右逢源",是两大市场对接互动、互通有无的重要通道。其次,广西处于粤港澳产业向东盟转移的中间梯度。"泛珠三角"区域内部存在明显的产业梯度差异,"泛珠三角"合作力图促进存在产业梯度差异的地区之间优势互补、协调发展,有利于广西承接来自粤港澳的市场辐射和产业转移,加快提高自身的产业发展水

平①，并向东盟国家梯度转移。

泛北部湾经济合作是桂粤琼与东盟沿海国家最直接、最密切、范围最大的区域合作平台之一。这对于广西中越沿边地区发展开放型经济也是千载难逢的好机遇，广西要充分发挥在泛北部湾合作中作为区域性交通枢纽、交流平台、产业合作平台、信息中心以及桥头堡的重要作用。

7.5.2 加快推进凭祥等开发开放试验区的建设

围绕针对凭祥国家重点开发开放试验区提出的"一核、两带、六区"（"126"）空间布局，进一步完善《广西凭祥重点开发开放试验区实施方案》，争取尽快获得国家批复。加快编制凭祥国家重点开发开放试验区建设总体规划及相关专题规划，争取土地利用、外籍人员务工等改革政策落地凭祥试验区。加快试验区南宁—崇左—凭祥外开放经济带、沿边经济合作、重点边境城镇建设示范带和国际经贸商务区、投资合作开发区、重点边境经济区、文化旅游合作区、现代农业合作区、边境村镇建设先行区建设。

7.5.3 积极参与构建中越跨境合作区合作机制

一是加强相关政策研究。做好跨境经济合作区的顶层设计，争取国家出台一揽子的优惠政策，把中越凭祥—同登跨境经济合作区和东兴—芒街跨境经济合作区打造成为沿边开放合作新平台。二是加强制度创新。跨境经济合作区是一项涉及两国间全新的系统工程，需要两国中央政府的大力支持和地方政府的通力合作，在建设模式、管理体制和运行机制等方面进行大胆探索和创新，探索建立"两国一区、境内关外、自由贸易②、封闭运行"的管理模式及"一线放开、二线管住、人货分离、分类管理的"运作模式，在跨境经济合作区所涉口岸率先试行"一站式"通关模式，推进查验部门的联动协作，推进电子口岸跨境信息平台共享，提升科技通关水平。三是积极参与中越通关便利化合作机制建设。扩大中国—东盟直通车的服务范围，推进人、车、物通关便利化，加强与对方口岸联检部门的合作。中越双方口岸联检部门应加强联系与合作，共同为双方旅游、商务贸易、物流等行业发展创造有利条件。

---

① 曾珊. 广西东兴沿边开发开放试验区战略研究 [D]. 中央民族大学，2012：46-47.
② 云倩，张磊，颜洁等. 广西沿边开发开放调研报告 [J]. 东南亚纵横，2014（1）：14-20.

7.6 中越沿边开发开放经济带人文交流战略

7.6.1 中越沿边国际旅游合作区

加强与越方在便利通关、边境市场整顿、应急事件处理等边境旅游管理方面的合作,加快推进中越国际旅游合作区建设,实现区域内免签证跨国游,为中国—东盟跨国旅游合作探路。

建设边海互动国家级山水滨海旅游带。随着《推动共建丝绸之路经济带和21世纪海上丝绸之路的愿景与行动》的出台,国家有关部门正在积极部署整合泛北部湾地区内部旅游资源,作为贯彻落实建设"21世纪海上丝绸之路"战略构想的重要举措,并拟建成北部湾海上跨国旅游金三角,以邮轮连接南海各国沿岸的旅游胜地,以打造"21世纪海上丝绸之路"大旅游圈。借此良机,中越沿边国际旅游合作将大有前景,而防城港占据极佳条件,必定大有作为。

7.6.2 构建面向越南的文化体育交流平台

7.6.2.1 合作推进沿边非物质文化遗产惠民富民示范带建设

2013年广西启动中越边境非遗保护惠民富民示范带建设,该示范带以沿边公路为纽带,在东兴的万尾岛、防城港区的峒中镇、宁明县爱店镇、龙州县水口镇、大新县硕龙镇、靖西龙邦镇、那坡县平孟镇、凭祥友谊镇八个边境点构建非物质文化遗产传承展示基地,由东向西,由点成线形成一条中越边境非物质文化遗产传承展示长廊。此举丰富了当地边民的文化生活,让边民成为非物质文化遗产的真正受益者,并促进了国防巩固和文化安全。

7.6.2.2 加强文化传媒交流与合作

传媒是文化的重要载体,要加强双边传媒产业积极长久的联系与合作,互相取长补短,注重传统媒体发展的同时致力于新型媒体的建设,完善内部机制的同时加强与各地文化界的合作。可通过共建媒体联盟和记者协会、加强对双边优秀电影和电视剧的推介力度、定期举办国际电影节等方式加强文化传媒的交流与合作,实现新闻报道的有效对接,共同营造一个和谐的美好环境。

7.6.2.3 联合举办"中越国际侬峒节"

侬峒节即歌圩节,是崇左市壮族的传统节庆,唐朝时期开始盛行。该节日以民间宗教祭祀活动为主要目的,通过祭祀和一系列民俗活动如舞狮、舞龙、抢花炮、斗鸡、斗鸟、对山歌等来祈福禳灾。目前，侬峒节仍在崇左 7 个县（市、区）中流行，全市有 57 个乡镇、254 个村、349 个屯仍有过侬峒节的习俗，具有分布广、规模不一、地点分散、持续时间长等特点。毗邻的越南边境居民也有举办侬峒节的习俗。近年来，中越边境地区民间自发举办的侬峒节都相互邀请双方边民参与。而且，节日期间双边互市贸易活动频繁，给双方边民带来了切实利益，有助于中越两国贸易利益的最大化。随着中越经济文化交流日益频繁，双方边民都有联合举办国际侬峒节的愿望，联合举办"中越国际侬峒节"是民心所向。

7.6.3　加强科教卫生交流与合作

7.6.3.1　推进面向东盟的教育合作平台建设

2014 年，广西提出规划筹建中国—东盟联合大学。2015 年 1 月，该项目被列入《广西参与大湄公河次区域经济合作规划（2014～2022 年)》，计划联合 6 个以上东盟国家，创办约 3 万在校学生、30 个以上专业、10 个左右研究机构及相关产业化配套示范基地等的综合性学位大学，并在东盟国家设有办事机构。目前，有关校址选择、培养对象、培养专业、培养形式等方面的工作正在积极推进。

7.6.3.2　重视中国—东盟青少年交流活动中心的建设

中国—东盟青少年交流活动中心是根据时任国家总理温家宝在第 10 次中国与东盟领导人会议上提出的在广西建立"中国—东盟青少年培养基地"的倡议，深化中国与东盟国家青少年交流合作，服务国家周边外交战略的重要项目，也是广西深化以东盟为重点的对外开放的重点项目，得到团中央、广西区党委和政府的高度重视，被列入广西统筹推进的重大项目，规划建设内容包括综合教育中心、文化中心、宿舍、食堂和体育设施等。2013 年，团广西区委与崇左市扶绥县政府签署建设中国—东盟青少年交流活动中心协议，标志着中国—东盟青少年交流活动中心正式落户扶绥。今后应更重视中国—东盟青少年交流活动中心的建设，丰富活动中心的内容，切实把项目建设成为能够承接国内外重大青少年交流活动的区域性国际青少年交流活动中心。

7.6.3.3　推进边境重大动物疫病防控阻截带建设，加强进出口食品药品检测

随着中越边境贸易、人员往来、候鸟迁徙及其他野生动物出入等活动日益频繁，高致病性禽流感、口蹄疫等重大动物传染病随时可能跨境传播，给双方的生产安全和人身健康带来严重威胁，需要加大力度建设边境重大动物疫病防控阻截带，包括增设边境公路动物卫生监督检查站和固定监测点、设立边境防堵项目建

设专项经费,用于边境地区规模动物养殖场基底调查,边境动物疫病监测站配置生物安全柜,开展疫情监测、采样、流行病学调查以及非法入境动物、动物产品举报核查、无害化处理等工作。同时,利用中越两国边境农业合作农业厅长联席会议等平台,开展跨国动物疫病监测控制和跨境动物疫病防控技术合作等项目,加强与其合作,提高边境重大动物疫病防控阻截带及边境地带动物疫病防控技术的水平,以及合作处理突发公共卫生事件的能力。

7.6.4 加强跨境减贫开发合作

7.6.4.1 推进中越跨境劳务合作

由于中越经济发展水平不一、越南边民进入广西非常便利等缘故,近年来中越沿边集聚了大量的非法入境越南工人,以砍蔗工为主,此外还有少量在边境地区从事商业和其他劳务的越南民工。崇左为全国主要甘蔗产区,每年11月中旬到次年3月底是甘蔗砍伐入厂时间,用工量大,而本地的年轻劳动力大多外出打工,由此吸引了大批越南砍蔗工,未来越南砍蔗工入境崇左市的情况仍将长期存在,探讨中越跨境劳务合作和对外开放普通劳务市场势在必行。中越加强劳务合作的关键是建立越南砍蔗工合法入境渠道,政府部门应立足当地,深入开展专题调研,向有关部门提出切实可行的跨境劳务合作途径,切实推进中越跨境劳务合作。

7.6.4.2 构建中越跨境扶贫试验区

中越边境地区地理环境相似,边民大多同源异流,生产生活方式基本相似。应充分利用这一人文优势,以推进中越边境地区减贫产业合作为目标,鼓励和支持越南边民发展甘蔗、速生桉树、中草药,以推动边境地区经济合作,既有利于越南提高土地的有效利用,扩大双方经济作物种植,又可以通过相关合约使越南劳动力合法进入中国务工,促进中越边民减贫致富。

第8章 中越沿边开发开放经济带建设机制

8.1 中越沿边开发开放经济带建设依托组织

2005年,中越双方首次提出建设中越跨境经济合作区的设想。越南相关省份和广西于2007年签署地方政府间相关框架协议(备忘录),规划建立三大跨境经济合作区,包括中国凭祥—越南同登跨境经济合作区、中国东兴—越南芒街跨境经济合作区和中国龙邦—越南茶岭跨境经济合作区[①]。

8.1.1 跨境经济合作区

(1) 凭祥—同登跨境经济合作区。凭祥距广西首府南宁160公里,距离越南首都河内170公里,距离越南北方大港海防港约200公里,与越南接壤,其中湘桂铁路和南友高速公路分别与越南的公路和铁路交接,同时南友高速公路和322国道的终点与越南一号公路对接,是目前中国通往越南乃至中南半岛国家直接、最快捷的陆路通道[②]。

广西与越南谅山于2007年1月达成共识,共同签署了《中国广西壮族自治区与越南谅山省建立中越边境跨境经济合作区合作备忘录》,双方各自在边境地区划出8.5平方公里的土地,共同建设总面积为17平方公里的跨境经济合作区。广西壮族自治区政府已明确,将广西凭祥综合保税区规划面积确立为广西凭祥—越南同登跨境经济合作区的区域,作为跨境经济合作区的中方先试先行区。广西凭祥综合保税区管委会同时挂牌中国凭祥—越南同登跨境经济合作区管委会,承

---

① 李光辉. 中越跨境经济合作区:背景、意义与构想[J]. 区域合作,2009(4).
② 刘建文. 凭祥要成为中越跨境经济合作区的先行区[J]. 东南亚纵横,2014(1).

担起推进凭祥—同登跨境经济合作区中方区域建设的使命,管委会将一直参与并大力推动跨境经济合作区的有关工作。2008年,越南国家正式批准建立谅山省谅山—同登口岸经济区,跨境合作背景将为入区企业创新发展带来更广阔的商机。目前,广西凭祥综合保税区和越南谅山—同登口岸经济区已就两区联动发展达成共识,双方以具体项目合作推进跨境合作区建设。

2013年9月,由越南谅山同登口岸经济区与中国广西凭祥综合保税区联合举办的项目推介会在南宁市顺利开展。双方园区就两区联动发展达成共识,双方以具体项目合作推进跨境合作区建设。广西凭祥综合保税区是中国凭祥—越南同登跨境经济合作区的重要载体,地处凭祥友谊关口岸,连通越南边境口岸,是首个中国在陆路边境线上设立的综合保税区。"五中心一基地三条黄金物流线路"产业发展大格局已逐步构筑,凭祥综合保税区已经成为中国采购东盟优质大米、热带水果、橡胶、风景苗木和东盟采购中国机电产品、化肥、水果的大宗商品重要采购配送基地①。目前,凭祥综合保税区正在积极引导中国企业或联合越南企业在中国产业园内进行投资,推进谅山中国产业园项目,包括建设中国机电产品展示租赁维修检测中心、开通两区间直通车加工生产项目、物流基地,打造货物配送转运中心。此外,已计划在园区内建设②中国东盟优势产品展示中心,实现中国商人不跨境直接采购东盟产品。

(2)东兴—芒街跨境经济合作区。东兴市作为我国与东盟唯一海陆相连的边境口岸城市,与越南仅一河相隔,区位优势十分突出,是中越边境上唯一一对规模和层级都比较对等且距离相近的城市,也是我国与越南等东盟国家进行开放合作、往来交流最便捷的陆海大通道、主门户。芒街市是越南北部最大、最开放的口岸经济特区和三类都市,也是中国进入东盟市场的一大门户③。

长年以来,东兴都致力于运用本身的区位优势,强化对越南芒街的友好往来,深化各领域的合作,共同追寻更大、更广的发展空间,进而推动两市经济的快速、健康发展。自2006年起,为了主动融入泛北部湾区域经济和多区域合作,发挥两市的地缘优势,东兴和芒街两地轮流举办中越边境(东兴—芒街)商贸旅游博览会,成效显著、影响深远,为两市的多方面合作和友好交流搭建了极其重要的平台。

东兴市与越南芒街市两地政府在2007年共同签署了《中国东兴—越南芒街跨境经济合作区的框架协议》,旨在构建全新的合作平台,推进两国边境地区的

---

① 周明钧.积极推进中国龙邦—越南茶岭跨境经济合作区建设的思考[J].东南亚纵横,2014(5):18-22.
② 中越两国共同推动凭祥—同登跨境经济合作区建设[J].广西经济,2013(10):20.
③ 刘全跃.加快推进中国东兴—越南芒街跨境经济合作区建设的思考[J].经济学研究,2011(7).

经济社会发展。根据框架协议,由中国东兴和越南芒街两市各自在边境范围内划出一定的区域作为中国东兴—越南芒街跨境经济合作区,双方拟着重在基础设施建设、促进经济结构调整、创造投资环境和招商引资、技术研发、促进贸易和投资便利化、开展社会文化事业、加强环境保护与司法互助7方面加强合作。在东兴和芒街两市的共同努力下,在2010年9月中越东兴—芒街跨境经济合作区研讨会上,中国广西和越南广宁省达成共识,共同签署《共同推进建立中国广西东兴—越南广宁省芒街跨境经济合作区协议》(以下简单《协议》),跨境经济合作区建设进入具体运作议程。《协议》确定合作区着重开展基础设施建设、贸易、旅游和投资合作、产业合作、金融合作、社会文化合作、保护环境合作、司法互助合作以及其他双方共同关心的领域。《协议》①的签署不仅为中越边境友好合作、扩大开放、和谐边境、稳定边境、富裕边境、繁荣边境打下坚实的基础,而且为国家探索中国—东盟自贸区在已经建成的情况下实现跨境经济合作的形式、途径、模式有着重大突破。

(3)龙邦—茶岭跨境经济合作区。广西的边境有8个县城区与越南谅山、广宁、高平、河江4省接壤,陆地的边境线有近1020公里。位于边境的广西西北部的靖西县与越南有长约152公里的陆路边境线,境内有龙邦国家一类口岸、岳圩国家二类口岸和龙邦、新兴、岳圩、孟麻4个边民互市点和36条出入境通道,是广西边境地区西北片区与越南重要的陆路通道和主要的边境口岸经济合作区。其中,广西靖西龙邦口岸与越南高平茶岭口岸对接,历史源远流长,交通相接,山水相连,贸易发达,交往密切,成为了广西中越边境地区西路主要互通通道和贸易合作区②。

2007年11月,越南高平省人委会和广西百色市政府签订《中国龙邦—越南茶岭口岸中越边境经济区合作协议》。到2008年6月,中越两国的经贸合作委员会又将中国龙邦—越南茶岭跨境经济合作区项目纳入中越经贸发展五年规划中,决定尽快地推进中国龙邦—越南茶岭跨境经济合作区的建设。至2012年,广西区政府再次将中国龙邦—越南茶岭跨境经济合作区建设括入广西壮族自治区的"十二五"规划。2012年5月,靖西县人民政府委托广西华蓝设计有限公司(集团)编辑撰写《中国龙邦—越南茶岭跨境经济合作区可行性研究报告》。中国龙邦—越南茶岭跨境经济合作区的中方拟采用"一区三园"的发展模式,这三个园区分别位于靖西县龙邦镇吕平村、龙邦口岸西侧界邦村以及靖西县岳圩口岸附近,规划总面积约8.28平方千米,合作区分为区域商贸服务中心、区域物流仓

---

① 吴坚. 中越跨境经济合作区建设与台商机遇[J]. 东南亚纵横,2014(4):49-52.
② 周明钧. 积极推进中国龙邦—越南茶岭跨境经济合作区建设的思考[J]. 东南亚纵横,2014(5):18-22.

储中心、区域进出口加工中心,具有矿产品和日用轻工业产品加工、商贸旅游、物流中转等功能。2011 年 8 月,由广西华蓝设计有限公司撰写的《靖西县岳圩口岸修建性详细规划》经专家评审,按国家一类口岸标准规划,占地 12 公顷,包括边民互市区、口岸商务中心、商贸物流区、监管生活区、验货区等。2013 年 11 月,中国靖西与越南茶岭一致同意申报设立中国那西—越南那弄的互通道路的接口,作为口岸货运通道,而龙邦—茶岭口岸只作为人员通道。目前,靖西龙邦口岸和岳圩口岸建设已经被纳入《广西口岸发展"十二五"规划》,龙邦口岸已基本满足了年货运量 100 万吨和人流量 50 万人次的任务,岳圩口岸征地 300 亩建设国门区、边民互市贸易区、生活区等。"靖西端午药市"成为中国龙邦—越南茶岭跨境经济合作区交流平台。2013 年 7 月 18 日,中国百色至越南高平国际客货运输线路暨中国百色靖西至越南高平茶岭边境旅游线路正式开通,这代表着中国龙邦—越南茶岭跨境经济合作区建设已经进入一个实质性的阶段。

8.1.2 综合保税区

(1) 凭祥综合保税区。凭祥综合保税区是设立在内陆地区的具有保税港区功能的海关特殊监管区域,由海关参照有关规定对综合保税区进行管理,执行保税港区的税收和外汇政策。是中国目前开放层次最高、优惠政策最多、功能最齐全、手续最简化的特殊开放区域。具有保税物流、保税出口加工、国际贸易[①]、国际中转、国内外采购、国际配送、对外开放口岸、商品展示、金融服务等功能,是中国与世界进行交流的重要节点。随着中国—东盟合作的深入,广西凭祥市作为一个区域整体,在区域合作、经贸往来等方面发挥着承接中国西南广阔的内陆腹地,外接东盟广阔市场的巨大作用,更有利于发挥该区域对东盟国家的吸引力、影响力[②],成为中国—东盟合作的核心区域之一。

(2) 钦州保税港。2008 年 1 月,国家批准实施《广西北部湾经济区发展规划》,北部湾经济区开放开发被正式纳入国家发展总体战略。2008 年 5 月,国务院又批准在北部湾经济区内设立广西钦州保税港区,赋予最开放、最优惠的支持政策,将使广西沿海地区优势最大限度地发挥出来,形成经济强势,带动全区的发展,使北部湾经济区开放开发进入了一个新的时期。保税港区作为对外开放和参与国际分工的平台,通过与区内区外进行的垂直专业化或水平专业,形成产业间的前后相联系,积极融入全球供应链中,并在区内区外形成特定的产业集群、产品链或是产业链,通过乘数作用,成为区域经济的增长极或发动机。保税港区

---

①② 杨从平,黄全荣,陈基海. 广西凭祥综合保税区建设的意义及对策 [J]. 广西民族师范学院学报,2011 (2):44 – 47.

的主导产业选择和发展,应该是那些以保税港区地区资源优势为基础,代表保税港区经济发展方向,并且在一定程度上能够支撑、主宰区域经济发展的产业①。

（3）南宁保税物流中心。中国西南地区最大的"无水港"南宁保税物流中心 2010 年 1 月 7 日正式揭牌,2009 年 12 月 22 日南宁保税物流中心通过国家联合验收组的正式验收,为保税中心实现封关运作奠定了坚实的基础。截至目前,确定进驻南宁保税物流中心的企业已达 15 家。南宁保税物流中心②建设项目包括总建筑面积为 33696 平方米的综合大楼、主卡口、查验区、保税仓库与堆场、围网及巡逻道、电子信息平台、围网视频监控及报警系统。南宁保税物流中心将依托南宁及区内外大型产业基地的保税物流服务需求,建设"无水港"口岸港区,成为延伸沿海港口功能,联系西南地区和东南亚地区间的广西北部湾经济区保税物流体系的核心枢纽和连接海港、空港和边境口岸的大型物流商贸基地。运作后的南宁保税物流中心将立足广西,辐射周边省市,面向东盟国家乃至其他国家和地区,提供生产资料和生活资料的运输、储运、搬运、包装、流通加工、配送、信息处理等物流服务③。南宁将以"无水港"联动世界,真正成为全球供应链中物流、信息流、资金流的重要节点。

8.1.3 边贸互试点

广西边贸主要在 5 个地方：凭祥、东兴、宁明、龙州和大新。其中最有名的是旗下的凭祥、东兴、水口、德天瀑布等地。

凭祥市于 1988 年 4 月逐步恢复和发展边境贸易。全市有弄怀、浦寨、平而、油隘 4 个边民互市点,其中全市有 5 家公司具有边境小额贸易经营权和对外经济技术合作经营权,来自全国各地的有 600 多家公司和企业参与边境贸易。交易手段主要是以货易货和以人民币易货的方式,在交易的商品中,经边贸出口的主要商品有布匹、自行车、五金机电、农用机械、陶瓷、食品、水果、日用百货等 150 多种（类）,出口商品来自全国各地,其中以浙江、两广及内陆经济发达地区居多。进口的主要商品有木材、中草药、香蕉、八角芒果、龙眼、鱿鱼、螃蟹、腰果等农副土特产品和水产品以及锌、锰、铬等有色金属矿土约 60 多种。

东兴市是边境贸易口岸城市和出口加工基地,跨国旅游城市,越南游一般从这里走。目前有海鲜、轻纺、建材、农产品 4 个专业市场,2004 年又建成占地面积 120 亩的边境互市贸易区。东兴针对越南和东盟的贸易实际,积极筹建中草药市场、红木市场、机电产品市场、大型建材市场具有等边贸特色的专业市场的龙

---

① 余金梅. 钦州临港产业集群发展对策探讨 [J]. 决策与信息（下旬刊）,2014（5）：55 - 56.
② 曲涛. 中国东盟研修班交替传译实践报告 [D]. 广西大学,2014：36 - 38.
③ 韦大宇. 广西保税物流体系区域经济效应初探 [J]. 经济与社会发展,2011（9,12）：36 - 40.

头作用,大大提升了边贸的规模与层次。1996 年,国务院出台边贸管理新规定后,东兴边贸飞速发展,形成了边境小额贸易和边民互市两种边贸形式。对于边境小额贸易,边民享受降低 50% 关税的优惠;对于边民互市,边民每天可"肩挑手提"3000 元人民币商品免税出关。

龙州地处广西西南部,全县 13 个乡镇,其中有 5 个乡镇与越南谅山、高平两省的长定、石安、广和、下琅、重庆 5 个县接壤。边境线长达 184 公里,设有 5 个边民互市点、1 个国家级口岸和 1 个地方级口岸。水口关是国家一级口岸,距越南高平市 64 公里,离广和县驮隆镇仅 10 公里;科甲关属地方口岸,距越南下琅县 17 公里;那花边民互市点东距越南谅山市 90 公里,西离高平市 70 公里,纵深至越北工业重镇太原市 110 公里,地处谅山、高平、太原三市的三角交叉地带,具有良好的贸易条件。1983 年以来,经上级批准,龙州县先后开设了横罗、科甲、那花、水口和布局 5 个互市点。

大新是以山水等旅游资源为依托的重要旅游城市。十多年来县委、县政府利用边境有利条件,除同越南高平市联营新平友谊餐馆外,还开发了硕龙、德天边境互市贸易区,岩应贸易点,逐更收购点。边贸商品除工业品外,还有谷米、豆类、花生、猪肉、油脂、烟酒、蔬菜、桐油、山货等。

8.2 中越沿边开发开放经济带运行机制

8.2.1 政府合作机制

近年来,中越两国沿边区域经济整体发展较好,各项经济指标均有所上升。但是中越两国沿边区域内各地区发展存在着不平衡性,在资源、产业布局、经济实力等方面都存在着差距,区域内不可避免地存在利益不协调的矛盾。为了实现中越两国沿边区域的合作,建立利益协调机制是协调中越两国沿边区域经济利益的有效办法。

近年来,随着我国"一带一路"等相关政策的推出,对于区域加强协调,共谋发展都提出了要求。在这些政策的引导下,中越两国沿边地区政府不断加强合作,促进区域共同发展成为政府当前工作的主要任务。建立完善的合作机制,对于完善我国中越沿边地区经济布局、提升我国沿边地区经济水平,提升我国面向东南亚地区的对外开放水平将起到重要的作用。促进地方政府间的合作的另一个客观因素是外部市场经济的发展。

为了缩小地域分工导致的差距问题，在追求利益最大化的情况下，中越两国沿边地区政府选择合作的策略。通过合作，可以降低经济发展成本，减少资源浪费，合作各方利用各自的资源优势实现资源互补，也可以降低各种不确定性、减少冲突摩擦等引发的损失，使得合作各方达到利益最大化的目标。在追求地方利益最大化这一根本性①的前提下，中越两国沿边地区政府应逐渐增强合作意识。完善的政府合作机制是中越两国沿边地区开发开放经济带顺利建设的重要因素。

8.2.2 对话协商机制

区域间对话协商的前提是相互信任，区域间良好的信任关系可以使得区域间的合作有序地、持续地进行下去。信任能够减少交易成本和合作成本，从而使合作双方获得更大的收益。

中越两国沿边地区开发开放经济带的建设需要充分强调沿边区域对话协商的作用。组建相对独立的机构，负责区域内重大信息的通报，研究和确定合作的重点领域，方针，提出解决难题的原则和思路。负责向上级反映合作的情况和重大问题，就合作提出制度方面的建议。另外，优化信息制度也是建立对话协商机制的一个方面。信息是中越两国沿边地区交流合作的载体，也是对话协商的内容。信息的沟通对于中越两国沿边地区的合作具有重大的意义。建立动态的信息系统，进行信息资源开发，根据地区实际状况进行分类和研究，为区域合作提供数据信息。可以建立起中越两国沿边地区信息资源共享平台，内容包括中越两国沿边地区各种经济、科技、人力资源、医疗、旅游、交通等信息，实现区域内信息资源共享。为区域内企业提供包括区域内行业政策、市场等信息，为中越两国沿边地区企业投资提供信息指导。另外，建立合作信息通报制度，充分交换信息，保障合作顺利进行②。

8.2.3 利益共享机制

利益共享机制是为了实现区域内各成员"共赢"，让每个成员在区域经济合作的过程中都得到利益。中越两国沿边地区在产业结构、资源等方面存在差异，导致合作过程中存在劣势的一方，为了给予劣势方一定的补偿，使中越两国沿边地区均能从经济合作带中享受到收益，从这一角度看，建立利益共享机制十分必要。

利益共享机制可以创造更多的合作机会和公平开放的合作环境，也可以保障合作中各个利益主体的利益。针对中越沿边开发开放经济带发展的实际，保障合

---

① 刘颖. 辽宁沿海经济带建设中地方政府合作机制研究 [D]. 大连理工大学，2013：68－69.
② 刘颖. 辽宁沿海经济带建设中地方政府合作机制研究 [D]. 大连理工大学，2013：36－37.

作双方平等的地位,把合作补偿方和受损方的经济发展水平作为依据,建立合理的补偿制度和办法。在财政和税收政策方面,适当倾向于中越沿边开发开放经济带中经济不发达的地区。

在中越沿边开发开放经济带的建设中,要逐步取消妨碍经济带建设的制度和政策规定、区域壁垒和歧视性措施,要建立中越沿边地区经济带共享的产权交易市场、商品物流市场、人力资源市场、文化旅游市场,搭建区域性信息、咨询、人才、技术、加工、中介、调剂、融资、孵化、指导、结算等共用平台,① 积极促进要素和商品在中越两国沿边开发开放经济带内无障碍流动,加快培育统一区域性要素市场,形成统一②、开放、竞争有序的现代市场体系。同时建设利益共享机制,以平等、互利、协作为原则,以相关的规范制度建设为基础,处理好中越两国沿边开发开放经济带内的利益分配,保证中越两国沿边开发开放经济带内各区域利益的良性转移,实现经济带整体利益在地区间的合理分配。

8.2.4 管理创新机制

中越两国沿边开发开放经济带建设是一项涉及两国间全新的系统工程,需要中越两国中央政府的大力支持和地方政府的通力合作,在建设模式、管理体制和运行机制等方面进行大胆探索和创新,探索建立"两国一区、境内关外、自由贸易、封闭运行"的管理模式及"一线放开、二线管住、人货分离、分类管理"的运作方式③。

在具体管理中越两国沿边开发开放经济带的实践中,可以设立相应的管理委员会等部门,在以后的工作中要以规章制度的形式明确其政府合作职能,设立专门的政府合作管理机构和确定专人负责,使官方合作进一步制度化和明确化。管理委员会等部门具体实施中越沿边开发开放经济带的各项规定;具体落实中越沿边开发开放经济带相关决策部门作出的决议和委托的事项;处理中越沿边开发开放经济带内自然人和法人提出的属于管委会管辖的任何具体事宜;管理经济合作区人员的进出口;定期向相关部门汇报中越沿边开发开放经济带的活动及管理委员会的工作情况(月报或季报为书面形式,年报为书面和口头双重形式)。

鉴于中越沿边开发开放经济带是一种特定的跨境经济合作区域,从领土管辖来看,它不是一个独立的疆域,而是仍然分别属于合作区各方的国土。因此,任

---

① 重庆市中国化马克思主义研究中心. 论我国经济区发展的困境及川渝经济区的借鉴 [J]. 探索, 2010 (6): 81 – 86.

② 钟劲松. 跨行政区域视角下的中原经济区政策协调机制研究 [J]. 洛阳理工学院学报(社会科学版), 2012, 27 (5): 39 – 43.

③ 云倩, 张磊, 颜洁等. 广西沿边开发开放调研报告 [J]. 东南亚纵横, 2014 (1): 14 – 20.

何一方的国内司法机构均无权对整个经济带行使完全的管辖权。另外，在跨境经济区内建立独立的、具有专门管辖权的法院，似乎是最理想的选择，但是从实际出发，这种选择不一定合适。中越沿边开发开放经济带不是一个独立的法域，区内没有独立和完善的法律体系，建立独立的司法机构没有多大必要，在法官的选任上也存在很大的困难。而且，如果建立这种机构，就必须是完整的司法体系，为该区域的当事人提供完全的司法救济，这样就会造成司法机构臃肿①，成本高昂。因此，设立相关的争端解决机构是更好的替代方法。对于中越沿边开发开放经济带中出现的相关初级性争端可由相关管理委员会根据相关国际性法律法规以及经济带内的法律法规协商解决。若协商无果，则可由争端解决机构的仲裁庭进行仲裁。仲裁庭应按照一般法律规定，以公平、公正、诚信等原则裁决。而对于其他较复杂和较难处理的案件纠纷再交予更高一级的司法程序，因此，中越沿边开发开放经济带的参与双方有必要在中越沿边开发开放经济带协定中订立引渡和刑事司法协助条款，以保障司法程序的顺畅。

同时完善非官方性质的辅助管理机构。借鉴公共选择理论，充分利用市场机制运作提高区域公共服务质量，即对于中越沿边开发开放经济带内各方政府共同关注的问题，如公用事业的建设问题、环境保护和公共卫生问题、公共安全问题等，政府可以利用私人组织或半私人组织来提供公共服务。在中越沿边开发开放经济带的发展过程中，各方政府可以通过政府间协议、合同外包、政府间服务转移等形式，向民营公司、非政府组织、非营利组织等购买服务的方式来解决，以此来满足②中越沿边开发开放经济带内社会民众的多样化需求，以竞争来促进合作与发展，由此推进跨地区政府的合作进程③。

---

① 曾彦，曾令良. 跨境经济合作区的特征与法律和机制保障 [J]. 时代法学，2012，10 (5)：12 - 17.

② 蔡岚. 论"红三角"地方政府合作机制构建 [J]. 韶关学院学报（社会科学版），2006 (10)：115 - 118.

③ 蔡岚. 区域合作中的难题及其求解 [J]. 党政论坛，2007 (5)：25 - 26.

第 9 章　中越沿边开发开放经济带建设风险管控

中越沿边开发开放经济带建设风险包括在沿边开发开放经济带建设及相关配套设施建设项目投资过程中产生的风险，以及建成之后所引起的不确定因素导致开发开放结果偏离预计开发开放目标的现实情况，制约边境开放开发可持续发展。

沿边开发开放经济带建设过程中产生的风险主要包括自然条件、技术、管理、经济和政策等方面的不确定因素引起的风险，这些因素共同作用导致负面影响的产生，使预定目标不能实现，无法顺利建成中越沿边开放开发经济带。具体而言，中越沿边开发开放经济带及其配套设施建设，常受中越两国边境自然条件、中越两国国家的政治因素、国际市场、国内宏观政策、经济形势的变化等因素的影响，使中越沿边开发开放经济带建设面临诸多的风险。从前期规划建设到后期的边境地区全面开放开发，投资期长达十几年。况且，在建成中越沿边开发开放经济带后，其是否能够充分发挥开发开放的作用，能否促进边境地区经济发展、能否提高边境地区居民的生活水平？

中越边境地区全面开发开放、边境地区经济发展、边境居民生活水平得到提高这些预期目标的实现包含的不确定和突发性的因素较多。因此，在中越沿边开发开放经济带项目启动前必须进行风险评估，识别与预测面临的投资风险，并采取防范风险措施，以减少风险带来的经济损失及社会不稳定。那么建设中越沿边开发开放经济带面临哪些风险呢？

我们认为，沿边开发开放涉及至少两个国家，而能否实现开放互通则取决于相邻两国的国家关系，因此，中越沿边开发开放首要涉及的风险因素是政治风险；边境地区开发开放涉及两个市场，国内市场及国外市场，市场风险制约着开发开放的深度和广度；中越沿边开发开放主要是市场的开放，金融是现代市场经济的核心成分，金融风险管控是沿边开发开放实现市场效益的必要选择；开发开放需要丰富的自然资源、和谐的生态环境作为基础，生态风险管控是中越沿边开发开放顺利推进的基石。

综上所述,本书所述的风险管控是沿边开发开放中最主要的风险问题管控,包括政治风险管控、市场风险管控、金融风险管控、生态风险管控四个方面。

9.1 中越沿边开发开放经济带建设政治风险管控

9.1.1 风险的基本特点

在论述中越沿边开发开放经济带建设的各类风险之前,本书将先行论述风险的基本特点及共性特征,以便更全面、深入、透彻地分析中越沿边开发开放经济带建设的风险,让读者能更直观地了解文章所述的四大类风险。

本书将风险的共性论述为风险的六大基本特征:偶然性、客观性、可测性、相对性、共存性、可控性。

(1) 偶然性是指风险的发生是不确定的、偶然的,无人能够准确地预测风险何时发生,也无法预测风险发生时以何种形式表现,即偶然无法预测。

(2) 客观性是指风险是客观存在的,这是不以任何人的主观意志为转移的,其发生的时间、形式不受人为控制,是客观存在的。

(3) 可测性是指风险是可以借助相关的统计分析方法进行估计的,但其估计的准确性受到风险的偶然性制约,也难以预计、预估风险;风险的可测性主要是对于非系统性风险而言的。

(4) 相对性是指风险相对于不同的主体、情景、地区和时期会存在差异性特点,风险表现出多样化特征。

(5) 共存性是指任何风险在产生存在的同时,伴随着收益,即风险与收益是共存、相对均等的。

(6) 可控性是指我们可以借助风险管理和控制来降低风险带来的损害,减少损失,以获得更大的收益。

以上阐述的是风险的共同特征,了解风险的共同特征有利于更明了地深入认识各类风险,下文针对各类风险进行详细阐述。

9.1.2 中越沿边开发开放经济带建设的政治风险

政治风险指的是因为投资者所在国与东道国的政治环境发生变化、政策法规发生变化,及东道国政局不稳定而给投资企业带来不确定经济损失的可能性。政治风险通常包括内乱、战争、征用、征收、没收、国有化、汇率兑换等事件发生而产生的风险,以上事件一经发生,将给投资企业造成严重的,甚至是毁灭性的打击。

中越沿边开发开放经济带建设的政治风险指的是在建设中越沿边开发开放经济带过程中发生的中越两国政治环境变化,政局、政策变化而造成中越沿边开发开放项目无法顺利进行的可能性。政治风险是中越沿边开发开放经济带建设所面临的首要风险因素。本书将中越沿边开发开放可能遭遇的政治(国家)风险进行分类,将政治风险划分为内部政治风险和外部政治风险,认为内部政治风险主要包含政策变化风险、征地拆迁风险、社会秩序混乱风险等,外部风险主要包含中越政治关系变动风险、投资审核、国际政局动荡、越南政策变更等风险。

9.1.2.1 中越沿边开发开放经济带建设的内部政治风险

(1)政策变化风险。中越沿边开发开放经济带建设是一个长期的、循序渐进的过程,由国家审批同意建设的项目,由申报至建成完善,至少经历10个年头,在这期间,不论是地方还是中央,相应的领导人、负责人都有可能发生任期已满、岗位调动等情况。然而,在中国的政治舞台中,往往会出现"下任不管前任事"的领导交接现象,因此出现了许多项目进度缓慢,或者"有头无尾"的现象,这种现象多与领导变更存在密切关系。

一方面,中越沿边开发开放经济带建设项目在漫长的建设周期中,将面临项目领导变更或者国家政策变更的风险。一旦国家的政策倾向发生变动,则有可能导致中越沿边开发开放经济带相关的子项目无法获得相应的国家专项扶持资金,而又因边境县区地方税收不足,经济条件有限等客观原因导致地方配套资金不足而引起子项目停滞不前,中越沿边开发开放经济带项目建设搁浅,无法达到扩大中越沿边开发开放的预期目标。

另一方面,项目建设将面临缺乏有效的行政管理监督的风险。各级行政机构在运行过程中,监督体制不健全,行政机构外部监督与内部监督都存在一定的缺陷:一是群众、党组织对政府行政执行机关的监督不够,难以克服和消除中越沿边开发开放项目在建设过程中存在机关人员行政效率低下、贪污腐败现象;二是行政机构本身对内部的行政监督不到位,相关政府机构对行政部门执行的跟踪和监察催办的监督机制尚未完善,这些因素有可能引起行政执行效率低下,项目推进缓慢,甚至导致中越沿边开发开放项目建设周期延长,从而导致项目推进面临更多的不确定的阻碍因素;三是政府相关对外交往机制、跨国劳务机制的不完善,将导致中越沿边开发开放经济带存在诸多不稳定因素,如边境"三非"人员、走私等现象。

(2)征地拆迁产生的风险。项目开发需要征用大量的建设用地。以东兴国家重点开发开放试验区为例,东兴国家重点开发开放试验区涵盖国土面积 1226 平方公里,边境线 27.5 公里,海岸线 537.8 公里,包括广西壮族自治区防城港市所辖的东兴市、港口区和防城区防城镇、江山乡、茅岭乡,总人口 43.3 万人①。从东兴国家重点开发开放试验区的空间布局来看,五大功能区包含的范围较广,需要开发建设的场所、设施数目巨大。其中港口物流区重点发展港口运输和现代化物流,面积为 38 平方公里;国际商务区重点发展金融、商贸、信息等现代服务业,面积为 125 平方公里;临港工业区重点发展化工、能源、钢铁、有色金属、装备制造等大进大出的产业,占地面积 390 平方公里;生态农业区主要是为试验区发展预留建设用地,占地面积为 398 平方公里;国际经贸区是该试验区的核心区,以东兴市和防城区沿边沿海一带为主体,重点发展国际商贸、物流业、进出口加工业、文化旅游业、现代服务业等,面积为 275 平方公里。东兴国家重点开发开放试验区是中越沿边开发开放经济带的重要组成部分,其占地面积之大可以反映中越沿边开发开放经济带的涉及面更广,区域范围更宽。

中越沿边开发开放经济带项目建设涉及所在地区居民土地征用、房屋拆迁及生产生活安置问题,如果安置不妥当,往往引发群体性事件,或上访、或阻工、或游行,严重的还会引发"打砸抢"事件,引起社会治安问题,影响项目建设。类似的事件在我国各地经常发生,是政治风险中所体现出来的社会、治安问题。从广西壮族自治区以往的公路、铁路、工业园区、码头等建设项目实践中看到,因征地拆迁解决不妥而引发的群体性事件发生率在 90% 以上。虽然,各地因拆迁引发的群体性事件规模不一,发展程度不同,但是由于建设用地而引发的社会问题是不可避免的,如若处理不当,则有可能引发大规模的政治动乱,阻碍中越沿边开发开放经济带项目的建设及推进。

(3)内乱风险。内乱风险是指由于开发开放过程中存在的国内分裂势力恶意挑起的内部斗争,包括利用环境恶化、政府腐败、人才缺乏、经济发展不平衡、贫富差距等因素而挑起的大规模的内部混乱,扰乱社会秩序,而导致中越沿边开放开发经济带建设停滞或项目成果受损的可能性。

9.1.2.2 中越沿边开发开放经济带建设的外部政治风险

(1)中越政治关系变动风险。历史上,1979~1991 年,中越关系恶化,中越边境口岸关闭,中越往来仅局限于民间的稀疏来往,中越"僵持"期间,制约着广西、云南的进出口贸易发展,使得广西和云南的边境小额贸易在此期间停滞不前,影响边境地区的经济社会发展。

"南海问题"是横跨在中越友好关系间的一道沟渠。近年来,越南加快了在

---

① 2010 年 6 月《广西东兴重点开发开放试验区建设实施方案》。

南海扩张的步伐,继续加强与他国的合作,伙同别国共同开发南海资源,让更多国家介入南海争端。① 在越南国家利益的驱使下,越南采取种种行动使南海争端国际化、复杂化,包括将"南海问题"提至东盟峰会,吸引区域外大国介入等,越南强占南海岛礁,并将中越海洋边界问题国际化,严重损害了我国的海洋利益及国家利益。"南海问题"未能解决,就将成为中越两国潜伏的定时炸弹,威胁着中越的长期友好往来。

影响中越政治关系的还有越南的反华过激分子。例如发生在2014年5月13~14日的反华排华打砸抢烧事件,仅越南的平阳省就有460多家当地企业遭到越南激进暴徒破坏,15家工厂遭纵火,10辆汽车被烧毁,严重损坏了在越华人的生命财产安全。

在国际局势复杂化的今天,由于中越之间存在悬而未决的"南海问题"以及越南存在反华的激进分子,使得中越友好关系受到威胁,影响中越两国多方面合作的展开。中越沿边开发开放经济带建设项目也将受到以上因素的影响,中越政治关系友好,是中越沿边开发开放经济带建设的决定性因素。中越政治关系变动是中越沿边经济带建设不容忽视的风险因素。

(2)投资审核风险。投资审核风险实际上是指在建设中越沿边开发开放经济带过程中以及建成之后,越南政府设置政治壁垒,利用投资审核的形式对中国投资企业的投资予以阻碍或否决。一旦越方政府利用政治壁垒,阻碍越方对中国的出口,或阻止越方对中国的进口活动,都将严重阻碍中越沿边开发开放经济带的建设。

(3)越南政策变更风险。本书所指的外部政治风险还包括越共政策变动产生的风险。目前,中越之间已有一些合作项目,但项目在执行过程中,往往由于越共的态度不明晰或者越方行动不积极,导致合作项目停滞不前。例如大新县2008年与越南合作种植甘蔗达到1000亩,至2012年合作种植仅100亩,一方面原因是大新的硕龙口岸无权办理甘蔗入境放行业务,越方甘蔗需绕至龙州的水口口岸入境,由于口岸政策的不畅通,导致中越农业合作受阻;中越农业合作面狭窄的另一方面原因是越南对我国技术指导的限制,我国的农药、化肥、技术无法顺利在越南使用。中越两国农业合作机制不全面,影响崇左及边境县份与越南开展跨境农业合作。

中越沿边开放开发经济带建设也要充分考虑越共是否审核通过的风险,若是越共对这一项目的态度冷淡,甚至予以否决,中越沿边开发开放经济带则成为单边开放,则会失去其存在意义。所以,在建设过程中,要充分考虑越方的政策变

---

① 邱普艳. 中越南海争端的由来与现状 [J]. 东南亚南亚研究,2014 (1): 96-101,110.

第9章 中越沿边开发开放经济带建设风险管控

动情况,充分考究越共态度及越方沿边地方政府态度,避免因越方政策变动或投资审核风险而带来的不必要损失。

9.1.3 中越沿边开发开放经济带外部政治风险管控

9.1.3.1 开发开放以边民利益为出发点

中越沿边开发开放经济带建设应以边民利益为出发点,在项目建设过程中充分权衡政府、企业、边民等相关利益群体之间的利益关系。在建设项目所需土地时,充分尊重民意,做好土地开发,相关的移民、安置、补偿工作,将民愤降低至最低限度。

9.1.3.2 加强建立有效的中越政府对话机制

一是加强相关政策研究。做好跨境经济合作区的顶层设计,争取国家出台一揽子的优惠政策,把中越凭祥—同登跨境经济合作区和东兴—芒街跨境经济合作区、中国天保—越南清水河跨境经济合作区打造成为沿边开放合作新平台,作为中越沿边开发开放经济带的核心项目。

二是加强制度创新。跨境经济合作区是一项涉及两国间全新的系统工程,需要两国中央政府的大力支持和地方政府的通力合作,在建设模式、管理体制和运行机制等方面进行大胆探索和创新,探索建立"两国一区、境内关外、自由贸易、封闭运行"的管理模式及"一线放开、二线管住、人货分离、分类管理"的运作模式。在跨境经济合作区所涉口岸率先试行"一站式"通关模式,推进查验部门的联动协作,推进电子口岸跨境信息平台共享,提升科技通关水平。

三是积极参与中越通关便利化合作机制建设。扩大中国—东盟直通车的服务范围,推进人、车、物通关便利化,加强与对方口岸联检部门的合作。中越双方口岸联检部门应加强联系与合作,共同为双方旅游、商务贸易、物流等行业发展创造有利条件。

四是充分了解越南的实时对外开放政策,建立与越南地方至越共中央的长效对话机制,克服越南目前与中国合作的"地方热、中央冷"的实际,在做好我国境内沿边开放开发经济带建设的同时,争取与越共中央政府达成相应的合作开放项目,实现双边开放,克服越方设置的审核风险及政治壁垒,使中越沿边开发开放经济带具有现实意义。

9.1.3.3 提高政府相关部门办事效率

提高相关政府部门的办事效率,简化中越沿边开发开放经济带相关子项目的审批程序,让投资企业能够以尽可能低的成本进驻到边境地区,实现政府与企业双赢。同时,对边民从事边境贸易的审批程序应给予简化,鼓励边民在中越沿边开发开放中开展新的方式,减少因外地投资者开发边境资源而引起的边民不满现象，保证沿边经济带社会稳定，秩序正常。

9.2 中越沿边开发开放经济带建设市场风险管控

9.2.1 中越沿边开发开放经济带市场风险的含义

市场风险泛指交易者因市场条件发生不利变动而蒙受损失的风险，市场条件包括商品或服务的交易价格、交易规则以及供求关系和流动性等，市场条件变化往往最终反映为市场价格的波动，因此，市场风险可以简单地理解为交易者因市场价格的不利变动而引发损失的风险。

中越边境市场是国内市场对越南甚至对整个东南亚开放的前沿阵地，中越沿边开发开放经济带的建设吸引国内人员、技术、资金、先进管理理念等新鲜"血液"的注入，为中越边境市场的发展繁荣提供有利的市场、货币等宏观政策支持，同时，中越沿边经济带应采用先进的风险管理方式，为中越沿边市场建立风险控制预案，规避沿边市场风险，尽可能减少中越边境中交易者的损失。

中越沿边开发开放经济带的市场风险，指的是由于受到国内及国际产品价格、国家沿边开放政策、沿边交易规定、商品流动性及国际供求关系等因素的影响，在中越沿边经济带投资或者交易的单位及个人会因上述因素而产生损失的风险。下文将从宏观角度分析中越沿边开发开放经济带的市场风险及其影响因素，并提出沿边市场风险管控建议。

9.2.2 中越沿边开发开放经济带的市场风险

9.2.2.1 交易价格波动

中越边境地区的市场价格受国内、国外两个市场的综合作用，商品的价格不仅受国内市场的影响，更受制于双方市场的供求关系，甚至因为全球供求关系的转变，引起商品价格的不断波动，让市场中的个人、个体和企业等市场参与者承担交易价格波动的风险。

交易价格波动风险是指市场的参与者，如个体户、企业、个人等，通过市场以一定的市场成交价格购进某种商品，或使用或者用于储存，而该商品的市场价格由于受到供求关系、国际收支等因素影响，其价格波动有可能超出市场价格的合理波动区间，因此给市场参与者带来经济损失的风险。

9.2.2.2 市场政策变动

目前，国家在中越边境东兴建立东兴国家重点开发开放试验区，其中给予了较多的优惠政策，中越边境市场得到国家相关政策的支持，对边境经济发展具有促进作用。另外，两国政府的市场政策将制约中越边境市场的发展。目前，中越两国进行贸易受到双边协定的约束，例如，《经济合作协定》《关于处理两国边境事务的临时决定》《贸易协定》《边境贸易协定》等，始终贯穿于中越边境贸易，市场政策之中的各项规定为边境贸易及跨国贸易创造了良好的交易秩序，但是从另一方面来看，政策的制定约束了市场的自由发展，而市场政策制定与政治因素密切相关，联系各国利益。在各国利益驱动的情况下，市场的发展有可能受到政策的制约，偏离国际市场发展的自然规律，出现市场发育滞后甚至倒退的现象。

9.2.2.3 国际供求关系变化

中越边境市场的开放，使得边境地区市场直接接触国际市场，受到国际市场的影响。国内企业生产经营的产品要面对国际竞争者，面临更大的市场挑战。一旦国际市场发生供过于求的现象，大量的商品将进入国内市场，最先流入边境市场。边境市场相对于境内其他地区，物流成本更低，因此，外国商品进入国内市场，最先受到冲击的是边境市场，边境地区企业有可能因国际市场冲击而面临商品滞销、利润下降的风险。生产企业产品销售困难，则导致企业减少生产，削减劳动力，而边境地区则可能发生劳动力过剩现象，引起其他的社会不稳定因素。

9.2.2.4 消费偏好转变

消费者偏好是指消费者对某一种商品（或者商品组合）的喜好程度，消费者会根据自己的意愿对可供消费的商品或商品组合进行排序，最终选择购买自己喜好程度较高的商品。中越沿边开发开放，打开边境市场，让边境及国内众多消费者有更多的机会接触国外商品，同时，消费者可以以同样的价格挑选更多的产品类型，增加消费者选择。在市场开放程度低的情况下，消费者仅能选择我国生产的产品，由于选择少，消费群体大，可能引发供不应求的现象，产品价格居高不下，使得众多的普通消费者无法消费喜好的商品。然而，市场的开放，大量的国际商品涌入，在产品技术、质量、价格方面均为消费者提供了更为广阔的选择，消费者可以以更低的价格购入商品，选择最优商品组合。消费者偏好的转变，同样有可能使国内企业受到国际市场冲击，面临价格、质量、技术等多方面挑战，也有可能使企业通过市场开放，利用国际技术外溢效应迎合消费者的偏好，促进企业跨国发展。

9.2.3 中越沿边开发开放经济带市场风险管控

9.2.3.1 采用VaR风险价值法对市场风险进行度量

风险价值可谓是目前国际市场上风险度量的最佳实践。VaR最早起源于20

世纪 80 年代，但其作为一种市场风险的测定和管理工具是由 J. P. Morgan 投资银行在 1994 年 Risk Metrics 系统中提出的。VaR 是指在一定置信水平下，因市场波动而导致整个资产组合在未来的某个时期内，有可能出现的最大损失值。在数学概念上，VaR 表示为投资工具，或者组合损益分布的 α 分位数，可以表示如下：

$$\Pr(\Delta p \leqslant -\text{VaR}) = \alpha$$

其中，Δp 表示投资组合在持有期 Δt 内，在置信水平（$1-\alpha$）下产生的市场价值损失。举例来说，如果某一个公司在 92% 的置信度下 16 天的 VaR 是 300 万美元，那么也就是说，在未来 16 天内，该公司发生的风险损失超过 300 万美元的可能性只有 8%。因为 VaR 方法能简单而清晰地表示金融资产头寸面临的市场风险大小，又有较为严谨的系统统计作为理论基础，所以得到了实业界、国际金融理论的广泛认可。

因此，中越沿边开发开放经济带可利用 VaR 风险价值法对其所面临的市场风险进行度量，对市场风险发生进行及时的反映。

9.2.3.2 接受市场风险并进行适当的风险分散

中越沿边经济带建设需要进行市场开放，市场开放有利有弊，伴随着市场风险，在市场开放过程中，部分公司因对风险的反应速度较慢，在经营活动中忽略融入国际市场而面临的风险，不采取，也不懂采取任何措施来管理某些类别的市场风险，这有可能使得企业面临失去客户群体、失去市场的风险。因此，各类企业应积极主动地接受市场开放带来的市场风险，并采取相应的措施应对。

很多大型公司和金融机构往往采取"将鸡蛋放在不同篮子里"的方法来分散市场风险，现实中表现为通过持有多种不同种类的、相关程度非常低的资产，进而起到了有效降低风险的目的，并且这种方法的执行成本往往比较低廉。但是对于规模较小的公司或者个人而言，因为小企业和个人缺乏足够的资金和风险研究能力，他们往往无法对市场风险进行有效分散。风险分散有助于降低市场风险带来的损失，然而现代资产组合理论证明，分散风险的方法无法有效地降低系统风险，仅能降低非系统风险，因此，风险分散的方法不能适应广大小微企业及个人的需求，需要寻找更好的方法抵御因市场开放而引发的市场风险。

9.2.3.3 采取相应措施进行风险转移

在实际生活中，市场风险本身是无法从根本上消除的，但是企业、金融机构和个人可以通过现有的各种金融工具对市场风险进行有序的管理。例如，金融工程方法可以有效帮助企业将其面临的市场风险加以分解，进而使企业自身保留着一部分必要的风险，最后将其余风险通过衍生产品这一工具（如互换、远期等）传递给他人。或者说，企业可以通过"操作对冲"的形式，将风险造成的损失降低到可以承受的水平以下。例如，在中越边境市场扩大开放之后，外贸进出口公司可以通过对原料供应的调整，在销售地（境内或者境外）直接设厂生产，或者通过调整外汇的流入和流出的数额大小等方式来达到风险转移的目的。

9.3 中越沿边开发开放经济带建设金融风险管控

中越沿边开发开放经济带建设包含金融开放建设的内容。然而，金融开放给中越两国间的资本流动、货币兑换等金融业务带来便利的同时，也带来了相应的金融开放风险，尤其是在资本封闭、汇率体系欠缺、货币政策未持续的情境中，金融风险成为制约境外投资以及跨境投资的重要风险。为了更深入地解析金融开放风险，本节将从金融开放的内涵开始论述，接着阐述金融开放风险涉及的各个方面，最后提出金融风险管控的相关建议。

9.3.1 中越沿边开发开放经济带金融开放的内涵

从广义上讲，金融开放是指一个国家通过一系列的法律、法规等规范性法律文件，对货币兑换、国际资本跨境流动、其他国家（地区）的金融机构在本国从事交易或金融活动的准入行为规定，以及对本国资金参与国际金融交易的管制逐步或全面取消的相关法律和规定的总和。从狭义上讲，国外金融要素的流入、本国金融要素流出及其一系列的金融活动受到相关的行政限制，则说明该国的金融市场不完全开放，若金融要素跨国流动未受到管制则说明金融市场完全开放。

金融开放包含两方面的内容：一是资本与金融账户的开放，即货币兑换与国际资本的跨境流动管制放松；二是金融市场、金融服务业对外开放，即对他国或地区的金融机构开放，允许他国金融机构以独资、合资、并购等方式在本国从事保险、证券、银行等金融服务的准入，同时，本国金融机构和企业、个人允许参与到国际金融市场交易中，跨境金融交易放松管制。

中越沿边开发开放经济带的金融开放项目与上述内涵一致，即出台一系列的法律法规，允许越南金融机构、个人的资本流入到我国境内，并且允许我国金融机构、个人到越南进行投资，由金融逐步开放走向全面开放的过程。在我国金融行业对越开放的过程中，有可能产生如下风险：通货膨胀及经济过热风险、产业安全风险、汇率波动风险、利率浮动风险、信贷风险、资本外逃风险、金融体系风险、金融危机。金融风险的产生是以资本的流动作为载体的，下文将对金融开放产生的风险进行详细论述。

9.3.2 中越沿边开发开放经济带金融开放的风险

9.3.2.1 通货膨胀及经济过热风险

中越沿边开发开放经济带实行渐进的金融开放政策，会引起越南、东南亚其他国家，以及世界其他地区国家的资本大量流入中越沿边地区。对外开放的扩大，引起对外贸易上升，从而引起外汇占款增加，同时基础货币的投放也随之增加。另外，外资的涌入，要求当地投入相应数量的本币作为配套。外汇流入，本币增加，共同造成了该地区市场货币供应量增加。如果中越边境地区的经济发展速度跟不上货币供应量增加，生产力与购买力差距太大，则会因为货币供应增加而导致该地区货币的购买能力下降，引起中越边境地区，甚至是更大范围的经济过热现象，从而增加通货膨胀的风险。

9.3.2.2 产业安全风险

伴随资本与金融账户开放，流入边境地区的外国直接投资（FDI）给我国中越边境地区，甚至是给整个国家市场带来了风险，而且外资流入产生的风险具有隐蔽性、长期性。外国资本通过技术、品牌、股权、市场以及人才等方面控制中越沿边开发开放经济带上的产业，甚至控制边境以外其他地区的产业，威胁到我国经济安全。边境金融业的开放，使得外资金融机构有机会凭借与我国的一些跨国外资企业或者中外合资企业的多年海外业务联系，为这些企业提供如资金融通、业务咨询等相关金融服务，使得国外跨国企业无论在业务专业程度上，还是在资金方面都更具优势，促使外资企业在中越边境地区以及国内其他地区得到迅速扩张，挤压我国产业发展，并有可能产生国外跨国企业加速对我国产业进行控制的结果。

9.3.2.3 汇率波动风险

中越沿边地区金融开放带来的是大规模的资本流入，汇率的波动变化制约着金融行业的发展。如果在金融开放过程中采用浮动汇率制度，则会引发名义汇率与实际汇率一同升值。采用固定汇率制度，例如中越边境地区仍使用美元作为交易货币，如果实施固定汇率政策，则美元兑换人民币的汇率固定在一个范围内，这个兑换比值在规定的范围内波动，那么在交易所产生的美元储备增加的情况下，会迫使央行入市购买美元，以冲销人民币汇率上浮产生的压力，而央行的这种干预将导致人民币实际汇率的上升。

若中越边境地区采用人民币进行交易，而人民币升值的现状则导致我国生产的产品在国际市场上的价格上升，则人民币实际汇率的上升会造成我国进出口企业的出口竞争力下降，打击我国外贸行业，引起国内经济不景气，甚至导致赤字产生。而赤字将导致吸引更多的短期资本弥补国际收支失衡的现象，进而使资本的流入规模不断增加,整个地区经济甚至国家经济有可能进入赤字的恶性循环中,使国家金融更加不稳定,甚至引发更大的金融问题。

9.3.2.4 国际利率浮动风险

边境地区金融开放,跨国企业、外资企业的进驻,带来的是国际资本。很多国际资本来源于国际性的商业贷款,因借用国际商业资本而产生的利率,称为国际资本利率,它是使用国际资本所需支付的价格,即国际资本使用权价格。因为外国企业想要进驻中越边境,则需要更多的资本投入,因而会产生更多的短期国际资本流动。国际商业贷款需求增加,则可能导致国际资本利率发生变化,使得国际资本借贷的主体受到损失,企业投资成本增加,使得中越边境地区投资受到影响,不利于中越沿边开发开放经济带的发展。

9.3.2.5 信贷风险

中越沿边地区金融开放,则企业借贷渠道增加,不仅是国内企业可以借贷国际资本,外国投资企业也可以借贷我国资本。然而,借贷伴随着信用风险而存在。信用风险是金融业中银行业面临的主要风险,因此信用风险是国际金融监管的重要方面。信用风险是因交易对手违约而造成损失的风险,信用违约风险指借贷方违约的可能性,它受到较多因素的影响,例如市场变动、借贷方管理水平、资本规模等,信用风险因素很难直接进行测算,仅能以信用评价机构通常运用的信用评级作为参考。金融开放使得外国资本大规模涌入,信贷限制得到缓解,国内金融机构、工商企业更加容易获得外国贷款,大量的国际借贷甚至是过度借贷,会造成企业外债负担,而企业的外债积累的同时,债务风险也随之上升,威胁企业的偿还能力,引发循环的借贷风险。

9.3.2.6 资本外逃风险

随着边境金融开放不断加深,我国金融机构有更多的机会参与国际投资,同时,我国的银行也将更便捷地为跨国企业提供海外投资借贷,而大量短期国际资本流入的同时,也加剧了资本流动的脆弱性,这些因素都有可能引起资本外逃的风险,进而引起金融动荡。

9.3.2.7 金融体系风险

金融业的逐步开放,使得边境地区原有的金融体系被慢慢打破。一方面,国外金融机构具有强大的市场竞争力,外国金融机构将在中越沿边经济带争夺资金、市场、客户,从而挤压我国的金融机构,使国内金融机构特别是规模较小的金融机构面临严峻的发展挑战;另一方面,部分国外金融机构并不满足于其正常金融业务所带来的收益,而是以获取高额盈利为目的,所以国外金融机构往往把资金大量投放到债券、股票、外汇等业务中。如此,这些外国金融机构则实现了高风险、高回报,但却加重了我国金融体系的不稳定。此外,外国金融机构、外资银行往往具有密布的国际分支机构和网络,可实现全球化资金配置,如果我国的金融体系发生变动,外资银行则会频繁操作,将资金调进调出,引发金融市场的更大波动,加剧了边境地区金融体系的脆弱性,甚至引发金融危机。

9.3.2.8 金融危机

金融危机风险是金融开放风险中最为严重的风险,金融危机的产生是上文所述风险不断积累而造成的,一旦金融危机产生则会引发外汇交易市场崩溃、资产价格下跌、产业动荡、大量企业破产,最终导致通货紧缩、经济萧条。

9.3.3 金融风险管控

9.3.3.1 建立金融风险预警模型

目前,国际上比较流行的风险预警模型有三种,分别是 FR 概率模型、STV 横界面模型和 KLR 信号分析法,三个模型的建模思想基本相同,都是运用某国或某一区域历史上的数据进行相关的统计分析,选择对危机有显著影响的变量,如国内产出、国内信贷、国外利率、外国直接投资等可作为测算金融危机的变量。

中越沿边开发开放经济带的相关管理部门应建立专门的中越沿边科研机构,或者组织社会科研机构或民间学者、专家智库开展金融风险评估项目,建立中越沿边金融风险预警模型,对金融行业的相关指标进行综合分析,建立金融风险防范预案,保障金融开放安全有序。

9.3.3.2 拓宽边境地区投资、融资渠道

边境地区金融的健康可持续发展需要得到社会各界的全面参与。我国居民传统的理财方式以存款为主,目前仅有一小部分居民将资金投入金融市场去购买股票、债券、期货等金融产品,这种传统的观念不利于金融业的壮大发展。

中越沿边经济带的民间资本尚未能充分利用,还有很大的发掘空间。在边境金融开放后,相关部门应有效地组织民间资本,给民众免费提供金融投资服务,这既可以引导民众多渠道投资,又可以用活民间资本,拓宽融资渠道,推进边境金融业发展壮大。

9.3.3.3 建立存款保险制度

存款保险制度是一种金融保障制度,是指由符合条件的各类存款性金融机构集中起来建立一个保险机构,各存款机构作为投保人按一定存款比例向其缴纳保险费,建立存款保险准备金,当成员机构发生经营危机或面临破产倒闭时,存款保险机构向其提供财务救助或直接向存款人支付部分或全部存款,从而保护存款

人利益，维护银行信用，稳定金融秩序的一种制度[①]。我国目前是由中央银行统一承担最后救助职责，实行的是隐性的存款保险制度。许多金融企业为追求高回报，不惜违背道德法律，甚至认为金融风险防范是央行和国家的义务，隐性存款保险制度未能充分发挥金融机构在金融业务中的互救作用，同时加大国家对金融风险的负担。

中越沿边开发开放经济带应率先试行显性的存款保险制度，在边境经济带范围内的金融机构预先向中越沿边金融管理机构缴纳保费，由中越沿边金融管理机构加强对金融体系的财务监督管理，并且在区域范围内建立稳健的存款保障基金。一旦已经缴纳保费的边境经济带的金融机构发生困难，则可以从金融管理机构处获得资金帮助，对于资金实力不强的金融企业而言，显性存款保险制度下有了雄厚的资金支持，可以增强其在区域外的竞争力；另外，可以增强边境金融企业抵御金融风险的能力，也可以减轻国家对中越沿边经济带的经济负担。

9.3.3.4 完善中越边境地区金融体系，稳步推进金融开放

相关部门应根据中越沿边开发开放经济带的金融发展实际情况，向国家相关部门申请符合当地实际的金融发展政策。同时，地方有关部门应建立有效的金融监管机制，既要依靠金融管理部门监管，也要实现金融机构、企业、团体的内控，及时向社会公众披露内部存在的问题，让金融问题得到有效反映并尽可能实现"第一时间解决"，让边境金融业在监管与自控的模式下实现良性发展。

中越边境金融业的发展相对滞后于我国其他东部地区，当地金融管理机构应组织科研机构进行实地金融风险评估，建立金融风险预警机制，制定循序渐进的金融开放政策，在借鉴东部地区及国外先进金融开放经验的同时，可根据中越边境实际情况进行合理的政策创新。中越边境金融市场的开放是一个循序渐进的过程，金融管理部门和机构应遵循金融开放的自然规律，使中越沿边开发开放经济带稳步实现金融的全面扩大开放。

9.4 中越沿边开发开放经济带自然、生态风险管控

人类的生产活动以自然环境的给予为前提，并受到自然规律的制约。中越沿边开发开放经济带建设需要开发中越边境自然资源，生产活动将会对生态环境产生影响。合理地开发利用自然资源，注重对生态环境的保护，有助于当地经济的

---

① 张小波. 金融开放的风险及其经济增长效应研究 [D]. 重庆大学，2011（9）：33-36.

可持续健康发展,否则,将会扩大自然及生态的风险。下文将分析中越沿边开发开放经济带建设所面临的自然、生态风险,最后提出相应的风险管控建议。

9.4.1 中越沿边开发开放经济带建设的自然风险

自然风险是指由于人类生存的自然条件产生无序的、无规律性的、不规则的变化而导致人类的生命、财产安全及经济活动受到危害的现象。自然风险最显著的特征是不可控性。地震、水灾、旱灾、冰雹、泥石流、冻灾、雷电等是最为常见的自然风险。

中越沿边开发开放经济带建设的自然风险是指在建设中越沿边开发开放经济带过程中有可能遭遇各类自然灾害而导致项目建设进度受到阻碍,亦指在中越沿边开发开放经济带建成之后由于自然灾害而导致各方收益受损的情况。

中越边境地区地势险峻,多为高耸石山,其中平原土地相对较少,常受季风进退失常的影响,造成降雨和气温变率大,气候多变,灾害性天气频繁出现。旱、涝灾害和台风、冰雹及"两寒"(倒春寒和寒露风)等灾害性天气出现频率相对较大,自然气候因素使中越边境地区常常面临经济损失的风险。

2013年4月15日,靖西曾遭受百年一遇的特大龙卷风、冰雹、暴雨等自然灾害,全县烤烟种植面积损失2.6万亩①。2013年,东兴市先后发生洪涝、冰雹、台风等自然灾害,全市有1.8996万人受灾②。那坡县自然灾害频繁,既是冰雹灾害,又发生"威马逊"台风灾害,由于受到各种自然灾害的影响,2014年那坡县全县9个乡(镇)受到不同程度的经济损失,受灾人口31647人,直接经济损失1859万元,其中农业经济损失1214万元。因自然灾害给部分灾民的生活带来了严重影响③。

9.4.2 中越沿边开发开放经济带建设的生态风险

生态风险指的是生态系统以及生态系统各个组成部分所承受的风险,指在一定的区域内,具有不确定性的灾害或事故对生态系统以及其组成部分可能产生的影响,这些影响及作用的结果有可能导致生态系统的结构和功能的损伤,从而危害到生态系统的健康和安全。

生态风险问题突出表现为自然资源的综合开发利用问题,开发利用自然资源

---

① 右江日报. 靖西烟农灾年收入不减反增 [EB/OL]. http://epaper.bsyjrb.com/yjrb/html/2013-12/03/content_150539.htm, 2013-12-03.

② 防城港东兴民政. 东兴市2013~2014年冬令春荒受灾群众生活救助工作全面展开 [EB/OL]. http://dongxing.mca.gov.cn/article/gzdt/201401/20140100579478.shtml, 2014-01-21.

③ 百色那坡民政. 那坡县2014~2015年冬春灾民生活救助工作方案 [EB/OL]. http://napo.mca.gov.cn/article/tzgg/201411/20141100730137.shtml, 2014-11-19.

时,如何维持当地的资源生态平衡,是在发展经济、扩大开放过程中有待攻克的"高山"。例如,在自然资源的保护性利用过程中,如何确定资源利用的方式与对策、资源储量以及耗损率,如何确定资源的价格与价值,以何种形式对资源进行投资等,都建立在信息不完全的基础上,如何做出正确的判断和选择,如何保证资源的合理利用,怎么样合理、有效地规避生态环境风险,需要进行系统的风险决策分析。

中越沿边开发开放经济带建设的生态风险是指中越沿边开发开放地区的生态环境由于自然因素的变化而产生的影响人们生产活动的结果以及在开发开放过程中产生的,人们的生产、经营活动有可能影响、破坏中越沿边开发开放经济带生态环境的结果。

由于资源开发利用不合理而导致的生态环境问题屡见不鲜,值得政府相关部门及投资开发企业决策者进行深思。例如,中越边境地区大新县的大新铅锌矿开采开发,引发了严重的生态污染问题。记者在距广西崇左市区27公里的五山乡原大新铅锌矿区看到,部分居民出现不同程度的关节肿大、变形等情况,关节无法弯折,最严重的还不断有脓水从关节脓包处流出[1]。造成村民身体健康问题的主要原因是由于大新铅锌矿在1951~2001年50年的开采过程中,排污措施不到位,向三合村灌溉区大量排放废水废渣,导致大面积的耕作区受到污染。根据广西农业环境检测站对当地受污染区稻谷进行的检测,得出稻谷中的镉成分超过国家规定标准的11.3倍。其中,农田灌溉用水的水样检测,含镉超标17.4倍,土样中镉含量最高超标达29.1倍。当地的村民由于长时间食用被污染土地种植出的锌、铅、镉、汞含量超标的有毒作物,使得重金属镉等长期聚集于体内,难以排出,引起慢性重金属中毒,以致身体器官、机能受损,引发病痛。大新铅锌矿是开放发展过程中典型的生态风险例子,应作为开发开放生态风险存在的铁证。

除此之外,由于边境地区含有丰富的矿产资源,不少企业为了充分利用边境地区的资源禀赋优势,将厂区建于边境地区,节省物流运输环节成本,且能够充分利用边境低廉的劳动力。诚然,在边境地区建厂投资,有助于促进当地的经济社会发展,且有助于解决当地农村剩余劳动力问题。但是,边境投资中,也出现了政府为发展经济、政绩,忽视环境的可持续发展,盲目地承接东部企业转移、以牺牲环境为代价发展经济的现象。

正是由于经济发展的强烈需求,使得生态风险日益凸显。厂矿的引进,不免破坏边境山水、破坏边境环境。环境遭到破坏,必将影响当地的生态失衡,进而引发人与自然的"战争"。企业疯狂地开采边境资源、利用当地劳动力,其为降

---

[1] 新华每日电讯. 广西重启大新铅锌矿污染调查 [EB/OL]. http://news.xinhuanet.com/mrdx/2014-11/28/c_133820212.htm, 2014-11-28.

低成产成本,只顾及眼前利益,往往出现排污不达标的现象,使当地的土地、水源、植被受到严重破坏,引发生态问题。因此,边境建厂开矿与生态破坏并存,生态风险伴随资源的开发利用。

9.4.3 中越沿边开发开放经济带自然、生态风险管控

9.4.3.1 完善现有的自然灾害监测系统

在中越边境地区建立完善的自然灾害评估体系和指标体系,对基本的气候情况做出科学预测,通过自然灾害风险评估,预测并尽早发现灾情。相关部门还要完善现有的自然灾害检测系统,做好各类自然灾害处理应急预案,对自然灾害的发展趋势进行科学的预测和分析,形成科学有效的自然灾害监测体系。一旦自然灾害发生,可根据已制定好的抗灾应急预案进行科学的、有序的处理,减少人民的财产损失,保障边境地区居民人身财产安全。

9.4.3.2 优化边境产业结构,发展低碳经济

(1)政府层面。目前,中越边境地区仍存在个别高污染高耗能的企业,相关部门应对这些企业进行严格的监督管理,依法关闭淘汰那些污染生态环境落后的企业。政府可以利用市场约束力加强的机遇,通过强化现有的地区环境标准、加快淘汰落后设备和企业、补贴淘汰产能等方式,促进边境地区产业结构调整升级。或者,政府可以为这些企业提供相应的技术指导,节约社会生态成本。同时,这也可以支持领先企业进行技术改革创新、推进企业重组、提高产业集中度。另外,边境地区在招商引资过程中,政府部门应把好关,设置合理的准入门槛,不能为了发展经济而忽视了环境治理等成本,不能将高耗能、高污染、高排放的企业引入中越沿边开发开放经济带,要严格执行安全质量技术标准,控制水耗、环境能耗、资源综合的综合利用,提高准入门槛的同时,引进并扶持节能服务产业和环保产业发展。

(2)企业层面。处于中越沿边开发开放经济带中的企业应做好内部安全监督工作,严格执行国家安全生产标准。同时,企业还需不断地引进先进技术,淘汰原有落后的生产方式和技术,积极应对激烈的市场竞争。另外,鼓励边境地区有能力的企业开展企业转型或者跨国投资,这既可以优化边境地区的产业结构,节约社会成本,又可以扩大边境地区企业影响力。

(3)社会公众层面。在中越边境地区推行低碳经济,不仅仅只局限于企业和政府层面,同样重要的是鼓励边境地区公众在日常生活中实现"低碳消费",将低碳消费方式贯穿于人们的吃、穿、住、行等生活的方方面面,抵制"高碳化消费",既可以节约自然资源,又能保护生态环境。

9.4.3.3 建立绿色贸易制度

与边境密切相关的进出口贸易同样会影响边境地区的自然生态环境,贸易制

度是影响进出口的关键因素,绿色进出口贸易制度可以使出口初级产品的企业为了降低生产成本、交易成本去赢得更多的国际市场,而努力提高生产技术标准、提高生产和管理效率,在这个过程中,我国境内出口企业将会运用多种手段来提高出口产品的科技含量,这样可以逐步减少对原材料和初级产品的出口,一定程度上减轻了生态环境的压力。因此,建立绿色的贸易制度有助于中越边境地区产业优化,有助于中越边境地区自然生态的可持续发展。

参考文献

[1] 杨恕, 王术森. 丝绸之路经济带: 战略构想及其挑战 [J]. 兰州大学学报 (社会科学版), 2014 (1): 23-30.

[2] 卫玲, 戴江伟. 丝绸之路经济带: 超越地理空间的内涵识别及其当代解读 [J]. 兰州大学学报 (社会科学版), 2014 (1): 31-39.

[3] 肖琳. 海陆统筹共进, 构建"一带一路" [J]. 太平洋学报, 2014 (2): 2.

[4] 胡战略. 创办沿边经济特区的思考与建议 [J]. 宏观经济管理, 2014 (2): 27-28.

[5] 阮宗泽. 中国需要构建怎样的周边 [J]. 国际问题研究, 2014 (2): 11-26, 143-144.

[6] 陈映. 西部重点开发开放区承接产业转移的产业布局政策探析 [J]. 西南民族大学学报 (人文社会科学版), 2014 (6): 113-116.

[7] 李忠民, 夏德水, 姚宇. 我国新丝绸之路经济带交通基础设施效率分析——基于 DEA 模型的 Malmqusit 指数方法 [J]. 求索, 2014 (2): 97-102.

[8] 程广斌, 王永静. 丝绸之路经济带: 西部开发的新机遇 [J]. 宏观经济管理, 2014 (4): 62-63, 68.

[9] 任佳, 王清华, 杨思灵. 构建新南方丝绸之路参与"一带一路"建设 [J]. 云南社会科学, 2014 (3): 1-6.

[10] 白永秀, 王颂吉. 丝绸之路经济带: 中国走向世界的战略走廊 [J]. 西北大学学报 (哲学社会科学版), 2014 (4): 32-38.

[11] 马莉莉, 王瑞, 张亚斌. 丝绸之路经济带的发展与合作机制研究 [J]. 人文杂志, 2014 (5): 38-44.

[12] 程云洁. "丝绸之路经济带"建设给我国对外贸易带来的新机遇与挑战 [J]. 经济纵横, 2014 (6): 92-96.

[13] 蔡春林. 新兴经济体参与新丝绸之路建设的策略研究 [J]. 国际贸

易，2014（5）：25-29.

［14］何义霞．"丝绸之路经济带"：战略考量、前景展望与建设思路［J］．当代世界与社会主义，2014（4）：76-80.

［15］张效廉．抓住国家战略重大契机推动黑龙江省沿边开发开放跨越式发展［J］．学习与探索，2014（7）：1-4.

［16］杨庆育．"两带一路"新格局的区域发展战略选择：重庆例证［J］．改革，2014（6）：5-11.

［17］蔡武．坚持文化先行建设"一带一路"［J］．求是，2014（9）：44-46.

［18］杨晨曦．"一带一路"区域能源合作中的大国因素及应对策略［J］．新视野，2014（4）：124-128.

［19］张亚斌，马莉莉．丝绸之路经济带相关问题的述评及思考［J］．未来与发展，2014（9）：101-105.

［20］白永秀，吴航，王泽润．丝绸之路经济带战略构想：依据、目标及实现步骤［J］．人文杂志，2014（9）：25-31.

［21］谭林，魏玮．产城关系视角下我国丝绸之路沿线产业发展问题研究［J］．西安交通大学学报（社会科学版），2014（5）：58-64.

［22］黄安．福建融入海上丝绸之路建设的思考［J］．亚太经济，2014（5）：111-114.

［23］中国科学院地理科学与资源研究所课题组．丝绸之路经济带可持续发展模式探析［J］．中国国情国力，2014（10）：24-26.

［24］崔巍平，何伦志．科技创新、经济增长与丝绸之路经济带的构建［J］．开发研究，2014（3）：42-45.

［25］蒋志刚．"一带一路"建设中的金融支持主导作用［J］．国际经济合作，2014（9）：59-62.

［26］宋双双．在"一带一路"战略下扩大对外农业合作［J］．国际经济合作，2014（9）：63-66.

［27］韩永辉，邹建华．"一带一路"背景下的中国与西亚国家贸易合作现状和前景展望［J］．国际贸易，2014（8）：21-28.

［28］本刊编辑部，沈蓉．发挥科技创新在丝绸之路经济带建设中的引领作用［J］．中国科技论坛，2014（11）：1.

［29］柳思思．"一带一路"：跨境次区域合作理论研究的新进路［J］．南亚研究，2014（2）：1-11，156.

［30］厉无畏，许平．丝绸之路经济带上的金融合作与创新［J］．毛泽东邓小平理论研究，2014（10）：1-8，91.

[31] 涂裕春. 西部沿边开放水平与中越边境经贸往来的调研分析 [J]. 西南民族大学学报（人文社会科学版），2014（10）：146-150.

[32] 李建民. 丝绸之路经济带合作模式研究 [J]. 青海社会科学，2014（5）：56-60.

[33] 苏海红，丁忠兵. 丝绸之路经济带建设中青海打造向西开放型经济升级版研究 [J]. 青海社会科学，2014（5）：61-66，80.

[34] 安江林. 丝绸之路经济带——中国的开放式能源生命线 [J]. 开发研究，2014（5）：13-16.

[35] 姚德权，黄学军. 我国与丝绸之路经济带国家的金融合作：现状、挑战与前景展望 [J]. 国际贸易，2014（10）：37-41.

[36] 申现杰，肖金成. 国际区域经济合作新形势与我国"一带一路"合作战略 [J]. 宏观经济研究，2014（11）：30-38.

[37] 靖学青. 中国沿边地区开放开发的宏观区域划分及其模式选择 [J]. 经济地理，1998（4）：50-53，66.

[38] 张海翔. 民族经济研究的热点问题概述 [J]. 理论前沿，1998（18）：27-28.

[39] 李靖宇，吴超. 后金融危机时代中国沿边区域开发开放的战略升级 [J]. 云南师范大学学报（哲学社会科学版），2011（2）：74-81.

[40] 张菁. 辽宁沿海经济带与沈阳经济区的互动发展 [J]. 当代经济研究，2011（5）：43-45.

[41] 刘建利. 我国沿边口岸经济发展对策 [J]. 宏观经济管理，2011（9）：39-40，49.

[42] 何艳. 美国"双岸"经济带产业布局研究——兼谈对辽宁沿海经济带的启示 [J]. 经济体制改革，2011（5）：152-155.

[43] 张贡生. "六五"至"十二五"：经济区划分的历史回顾及其讨论 [J]. 经济问题，2013（2）：9-15.

[44] 陶一桃. 从沿海开放到沿边开放——开放拓展战略的意义及喀什经济特区发展应该注意的几个问题 [J]. 深圳大学学报（人文社会科学版），2013（1）：88-93.

[45] 全毅. 中国对外开放与跨境经济合作区发展策略 [J]. 亚太经济，2013（5）：107-114.

[46] 王徐来. 区域经济及其结构分析 [J]. 宏观经济管理，1994（5）：44-46.

[47] 侯景新，李明肖. 中国西北、东北、西南地区沿边开放比较分析

(一)[J].经济纵横,1994(8):17-20.

[48]刘稚,刘思遥.区域经济一体化下的沿边开放模式探析[J].思想战线,2012(1):84-86.

[49]王超.开创国家级开发区和边境合作区发展新局面[J].国际经济合作,2012(2):4-9.

[50]钟智全.加快建设陆路东盟南崇经济带的战略路径及对策研究[J].社会科学家,2012(10):59-62.

[51]刘晓春,王慧颖.开发西部必须重新认识民族地区的经济特征[J].黑龙江民族丛刊,2001(1):42-45.

[52]沈道权.层次递进:西部大开发的必然选择[J].黑龙江民族丛刊,2001(2):43-46.

[53]庄贵阳.中国西部大开发计划与北海道开发的经验:"第三届中国与日本北海道经济交流会议"纪要[J].世界经济,2001(7):77-78.

[54]丁任重.论我国对外开放的全面性[J].财经科学,1996(1):54-56.

[55]张宝仁.东北亚区域经济合作的发展趋势及区域内各国参与开发的策略[J].东北亚论坛,1997(1):24-28.

[56]李泊溪.地区协调发展战略思考[J].经济管理,1997(1):35-37.

[57]胡超.广西对外贸易与经济增长关系的实证研究[J].广西民族大学学报(哲学社会科学版),2009(1):106-109.

[58]阮加,刘延平.经济带理论对西部经济发展的启示[J].中国行政管理,2009(9):81-83.

[59]沈道权.层次递进:西部大开发的必然选择[J].贵州民族研究,2000(1):7-11.

[60]刘纯志.构建我国中部开放的新格局[J].中南财经大学学报,1992(5):46-48.

[61]刘宏煊,吴银莲.中国对外开放的格局和走向[J].社会主义研究,1992(5):43-44.

[62]国家计委西南和华南部分省区区域规划课题组.联合开放开发振兴区域经济——西南和华南部分省区区域规划总体思路研究[J].计划经济研究,1993(6):49-56.

[63]王志刚,张贡生.西部大开发的目标、关键和可能的结果[J].科学·经济·社会,2002(3):15-18.

[64] 张贡生，赵春江．网络型经济增长：中国经济发展的战略布局［J］．学习与探索，2008（3）：146-148．

[65] 阮文历．越南的二走廊、一环带：从理念到现实［EB/OL］．http：//www.TapChicon gsan.org.vn/．

[66] 阮明慧，阮曰盛．预大学社会经济地理教程［M］．河内：教育出版社，2006．

[67] 越南63省市的社会经济资料［M］．河内：统计出版社，2009．

[68] 裴日光．意大利区域发展政策［M］．河内：社会科学出版社，2011．

[69] 黎通，阮文富，阮明慧，黎美蓉．越南社会经济地理［M］．河内：河内师范大学出版社，2011．

[70] 越南社会科学院海防委员会．中国—东盟合作圈中越中经济二走廊一环带的发展［M］．河内：社会科学出版社，2007．

[71] 阮文南，吴胜利．越南重点经济区域的持久发展政策［M］．河内：通讯出版社，2010．

[72] 尹功庆．发展中越商贸关系成为21世纪的友谊合作关系榜样［J］．中国研究院电子报．

[73] 吴尹泳．越南社会经济的发展规划与战略研究——借鉴与创造［M］．河内：河内出版社，2003．

[74] 发展战略研究院．越南到2010年的发展经济社会战略的一些问题科学基础以及2020年的远景［M］．河内：国家政治出版社，2001．

[75] 蔡昉，都阳．中国地区经济增长的收敛与差异［J］．经济研究，2000（10）：30-38．

[76] 史修松，赵曙东．中国经济增长的地区差异及其收敛机制（1978~2009年）［J］．数量经济技术经济研究，2011，28（1）：51-62．

[77] 中国经济增长与宏观稳定课题组．资本化扩张与赶超型经济的技术进步［J］．经济研究，2010（5）：4-21．

[78] 中国经济增长前沿课题组．中国经济长期增长路径、效率与潜在增长水平［J］．经济研究，2012（11）：4-18．

[79] Robert Huggins, Hiro Izushi. Competition, competitive advantage, and clusters: The ideas of michael porter, USA: Oxford University Press, 2012.

[80] Boyan Kavalov, Hrvoje Petric, Evangelos Tzimas. Evolution ofthe indigenous European oil and gas sources Recent trends andissuesfor consideration, Energy Policy, 2011, 39 (1): 487-492.

[81] Saeed Rouhani, Mehdi Ghazanfari, Mostafa Jafari. Evaluationmodel of bus-

iness intelligence for enterprise systems using fuzzyTOPSIS, Expert Systems with Applications, 2012, 39: 3764 - 3771.

[82] Guy C. K. Leung. China's energy security: Perception and reality, Energy Policy, 2011, 39 (3): 1330 - 1337.

[83] Peter Toft. Intrastate conflict in oil producing states: A threatto global oil supply? Energy Policy, 2011, 39 (11): 7265 - 7274.

[84] D. T. Coe and Elhanan Helpman. International R&D Spillovers, European Economic Review, 1995, 39: 859 - 887.

[85] Gelos R. Gaston and Shang Jin Wei. Transparency and International Portfolio Holdings, Journal of Finance, 2005, 60 (6): 2987 - 3020.

[86] Hollisa, Yuan L. Competition policy in open economies, International Economic Journal, 2004, 18 (2): 179 - 193.

[87] Wacziarg R. Measuring the Dynamic Gains from Trade, World Bank Working Paper, 2001.

[88] William Easterly. How much do Distortions Affect Growth, Journal of Monetary Economics, 1993, 32: 187 - 212.

[89] Xiaokai Yang and J. Borland. A Microeconomic Mechanism for Economic Growth, Journal of Political Economy, 1991, 99 (3): 460 - 482.